女孩，这样爱自己

15岁之前女孩需要知道的身心保护法

15歳までの女の子に伝えたい
自分の体と心の守り方

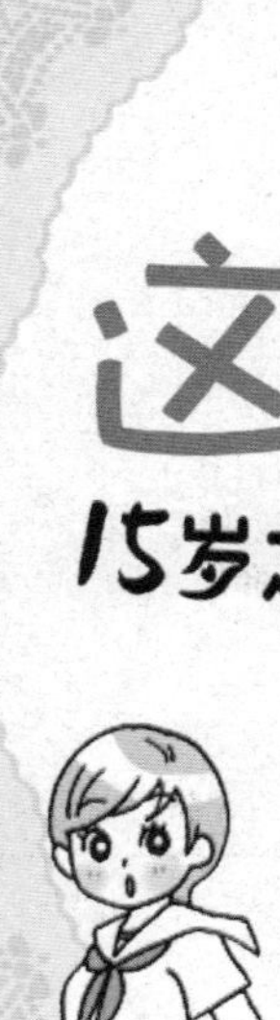

〔日〕山形照惠／著 谢迟／译

中国妇女出版社

图书在版编目（CIP）数据

女孩，这样爱自己：15岁之前女孩需要知道的身心保护法 /（日）山形照惠著；谢迟译．-- 北京：中国妇女出版社，2021.4

ISBN 978-7-5127-1946-0

Ⅰ．①女… Ⅱ．①山… ②谢… Ⅲ．①女性－青春期－健康教育－青少年读物 Ⅳ．①G479-49

中国版本图书馆CIP数据核字(2020)第271270号

女孩，这样爱自己——15岁之前女孩需要知道的身心保护法

作　　者：〔日〕山形照惠 著　谢迟 译
责任编辑：陈经慧
封面设计：周周设计局
责任印制：王卫东
出版发行：中国妇女出版社
地　　址：北京市东城区史家胡同甲24号　　邮政编码：100010
电　　话：（010）65133160（发行部）　　65133161（邮购）
网　　址：www.womenbooks.cn
法律顾问：北京市道可特律师事务所
经　　销：各地新华书店
印　　刷：三河市恒彩印务有限公司
开　　本：147×210　1/32
印　　张：5.5
字　　数：180千字
版　　次：2021年4月第1版
印　　次：2021年4月第1次
书　　号：ISBN 978-7-5127-1946-0
定　　价：36.00元

写在前面

你现在开始来月经了，有没有逐渐习惯呢？

在进入青春期后，身体尚处于不稳定的阶段。而且，相信很多女生在月经期间遇到肚子疼痛或情绪紧张的情况时，都不知道向谁倾诉，内心一定感到忐忑不安。

除此之外，进入青春期后，伴随着生理变化，心理同样也会发生巨大的改变。有些孩子会因为找不到人生的方向而变得郁郁寡欢，有些则为校内或社团内的人际关系而烦恼，或者在与异性交往的过程中对“性”的问题产生困惑……她们都想获得解答，但总是羞于告诉别人，只好自己一个人憋在心里。

这本书就是为有这些困惑的女生而创作的。

关于月经、身心变化、异性交往、性相关疾病等的内容，本书都会通过漫画的形式，运用浅显易懂的语言告诉你。

你或许会觉得有些难为情，但它们都是非常重要的知识，只有完全了解了自己的身体和心理，才能从容应对青春期。

爱惜生命，从“疼爱自己”开始。当你能够爱自己的内心和身体，你就同样拥有了爱其他人的能力。

不要着急，慢慢地、一点点来，从你注意到的地方开始学起。

若这本书能为你的人生增光添彩，我将感到无比欣慰。

山形照惠

亲爱的爸爸妈妈：

你们的女儿开始来月经了，身体和心理都在向成熟方向发展，或许你们已经在为她与异性的关系等问题忧心忡忡了。

然而，就算你对正处于青春期的女儿说“我们来谈谈性的话题”，或许她也不愿认真听。如果你遇到了这种情况，希望你将这本书给她，或把书放在桌子、书架的醒目位置，让她能够拿到。这本书涉及许多父母难以向子女启齿的问题，比如经期可能出现的麻烦、性传染病、与异性交往前应该了解的事，以及避孕等内容。

我撰写这本书，就是希望女生都能明白，自己拥有着孕育下一代的“生命接力棒”，并告诉她们要“爱自己的身体和心灵”。

作为家长，有时会因为想要保护女儿，想让她多懂一些知识，可一不小心就变得唠唠叨叨。其实，青春期也属于孩子自己边摸索边学习的时期，请相信你们的女儿，她可以做得很好。而你，只需在一旁温柔以待，和她一起共同成长。

如果这本书能让你们的亲子关系变得更为融洽，那将是我最大的荣幸。

目录

第 1 章

女孩子为什么每个月都会来月经

第 2 章

大家都有月经的烦恼

第 3 章
出于好奇心的性体验是非常危险的

第 4 章
交了男朋友就会幸福吗

第 5 章

你是在满满的爱中诞生的

★☆★☆★☆★☆★ 主要人物 ★☆★☆★☆★☆★

长女 小爱

20 岁。护理大学二年级学生。做事认真坦率，是个靠得住的大姐姐。将来的梦想是成为一名助产士。希望未来能够参与全球范围的助产支援工作。

二女儿 小舞

17 岁。高中二年级学生。有自己的主张，是个我行我素的女孩。性格开朗，身边有许多朋友。喜欢追逐时尚，打工挣来的钱基本都花在买新衣服上。特殊技能是秒回短信。对恋爱也抱有极大的兴趣。

三女儿 未唯

14 岁。初中二年级学生。是一个活泼、伶俐的女孩子。篮球社团成员。崇拜她的两个姐姐，总是模仿她们，盼着自己快快长大，希望有一天能和她们一样。

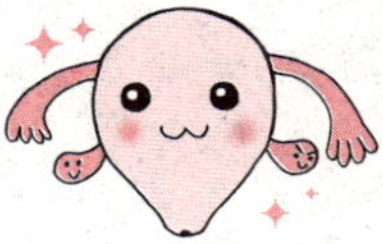

小宫

爱说话的子宫，愿意告诉大家各种关于身体的知识，比如，两侧的卵巢（卵子的房间）里生活着小卵子。

第1章

女孩子为什么每个月都会来月经

月经（也叫例假）或许会让人觉得有些麻烦，但女生如果想要变得美丽漂亮，活出精彩的人生，没它可不行。在这一章中，我们会介绍月经的成因，以及爱惜自己身体的方法。

你有没有好好爱护自己的子宫呢?

其实今天早上有晨读，但昨天我来月经了，肚子很痛，所以今天不得不在家休息。
喝点热豆浆吧！
嗯！
未唯居然说自己肚子痛，真是少有啊！
啊！好麻烦啊！
嗖——
以前肚子可从来没有这么痛过，这是怎么了？
啊啊啊……
肚子好痛，没法专心上课了。
换卫生巾这件事也好麻烦……
为什么会有月经这种事啊……

话说回来，为什么会有月经这种事啊……
要不我也试试看吧。
转向
晕头
对了，朋友好像说过，可以垫两片卫生巾，弄脏了就揭掉一片。
小学保健体育课上貌似有教过，但我一点都不记得了啊！
稀里糊涂……
来月经不仅肚子疼，脸上的痘痘也不停往外冒……
小舞姐来月经的时候看起来也好痛苦，情绪也超级火爆。(笑)
不过话说回来，小爱姐是什么时候来月经的呢？
她从来都是笑嘻嘻的，看起来很健康，所以都不知道她什么时候来月经。
话说，老妈有没有月经呢？
啊！不行了！肚子真的好痛啊！
摇摇晃晃……
不好意思……
我身体不舒服，想休息一下……

而且最近月经量变多了，连社团活动我都不能去参加了……
老师，为什么月经如此讨厌，还每个月都来？
啊呀！是吗？是痛经吗？
医务室
迷迷糊糊……
《女孩 13 岁之前需要知道的关于心理和身体的知识》
你读读这本书。
喂……喂……为什么你不好好爱护我呢？

我是小宫，是你肚子里的子宫。
咚——
咦？
什么呀？
这个是什么生物呀？
子宫？
我觉得有点伤心。
你是不是说过月经好麻烦这种话？
呜呜……
咦？
啊，这么说来确实有一点。因为大赛临近，我满脑子都想着篮球，加上还要备考，所以连着好几天我都有点睡眠不足。
你在社团刻苦努力的样子，真的好棒哦！但最近是不是有点辛苦过头了呢？
我好像没怎么听说过“月经”这个词……
那个——
我的梦想是孕育小宝宝，月经就是为此做准备的。
月经是非常非常重要的！

其实，例假是因为女生在月经期间需要休息而取的一个别称。
“例假”这个词念起来更方便，但是，因为女性的生理周期与月亮运转周期相似，所以它也被称为月经。
而且“月经”这个词，会让人产生一种随着日月更迭，女性在逐渐成长的感觉。
啊，这么说来，今天可能是满月日。
我希望你明白，人有许许多多的生理现象，而月经这一生理现象对孕育生命来说非常重要。
除此之外，我还想跟你聊聊女性魅力之源——激素的话题！
突突
嗡嗡
!?
小宫，你身体两旁的那两个东西是什么呀？
居然用“是什么”，有点失礼啊！子宫两旁的是卵巢，它里面的卵子是形成胎儿的关键。

最近你用功过头，我们也受到牵连，所以才会肚子痛，月经量增多。
你要留意身体发出的信号，千万记住要好好爱护自己的身体哦！
哐啷——
哐啷——
是！
搞什么呀！原来是场奇怪的梦啊！好好爱护身体……
嗯！
老师，我能借这本书看看吗？
拿去吧！
挥挥手
13

“子宫 = 你自己”是什么意思？

要不读读这本借来的书吧！
咕噜，
不过说起来，今天肚子真的痛死了，社团活动最后还是没能参加。
什么？什么？
原来来月经的时候，心理和身体都会发生变化啊！
嗯！
哗啦……

月经周期与身心的变化

月经周期是指从月经来的第一天到下次月经第一天的时间间隔。下面我们以月经周期为 28 天举例，介绍其相应的身体变化、心理变化与应有的生活方式。

新月

排卵期

●身体变化

・排卵过后，基础体温处于高温期。

・白带随之增多，变得黏稠、色白。

・人容易浮肿。

・皮脂逐渐增厚。

●心理变化

・有些人会变得情绪不稳定。

・容易积攒情绪。

●生活方式

・尽量保持平稳的心态。

・由于身体容易浮肿，睡前可以做做伸展运动，促进血液循环。

・避免身体着凉。

●身体变化

・皮脂增厚，有些人的脸上会冒青春痘。【青春痘也称痤疮、粉刺，是毛囊皮脂腺分泌过多而引起的一种慢性炎症性皮肤病，主要好发于青少年，对青少年的心理和社交影响很大，但青春期后往往能自然减轻或痊愈。——译者注】

・身体比之前更加容易浮肿，感到疲倦乏力。

・食欲增强。

・可能会伴有头痛、肩酸、便秘等症状。

●心理变化

・情绪低沉，感到心情烦躁。

・明明不想生气，心中却会燃起无名之火。

・容易产生消极情绪。

●生活方式

・慢慢地做深呼吸，让心情平复下来。

・避免身体着凉。

・适量运动，放松自己。

・舒服地泡个热水澡，确保身子暖和。

体变化
卵日逐渐临近，白带由原来的稀薄、透明状，
成微黏的状态。
体感觉舒畅，皮肤的状态也很好。

理变化
虑事物时积极乐观。
于新鲜事物比较愿意尝试。

活方式
段时间新陈代谢较好，相对而言容易减肥，也非常
合做体育锻炼。
于皮肤状态变好，女人味得到了提升！
个时候向喜欢的人表白或许不错？！
然此刻状态不错，但也不能过度劳累！
做自己喜欢的事，开心地度过一整天。

●身体变化
- 基础体温处于低温期。
- 月经开始来潮，伴有痛经、犯困、头痛、怕冷等症状。
- 皮肤变得敏感，容易出现皮肤问题。

●心理变化
- 由于月经带来身体不适，导致心情有些低落。
- 没有什么动力，变得慵懒。

●生活方式
- 闻闻自己喜欢的香味，听听自己喜爱的音乐，放松心情。
- 穿保暖的衣服，尤其下半身不要着凉，可以泡泡脚。
- 用餐要营养均衡，吃些健康的食物，远离垃圾食品。
- 适当运动，推荐做些拉伸身体的操。

经开始

以月经周期为 28 天举例，如果将它比作月圆月缺，
会呈现如图所示的模样。
月经周期的长度因人而异，普遍为 25 ~ 38 天。

嗯——最近来月经时总会肚子疼，感觉浑身没力气。
今天还去医务室休息了，这是头一次。
呀？真稀罕啊！竟然在认真念书。
不可思议！原来生活方式可以按照月经周期做调整啊！
嗯！读了这本书后，感觉知道了个大概。
话说……你知道为什么会来月经吗？
我高中的时候，好像也有过一阵子肚子疼。
原来是这样啊！看起来的确受苦了。
嗨哟
算是吧——不过，了解月经之后，你对月经的态度会发生转变，听听对你没有坏处的！
啊，是要我陪你学习吗？
是嘛！是嘛！正好我在学校学习妇科知识，现在我来教教你，顺便自己也复习一下！

每7年女性体内激素的变化

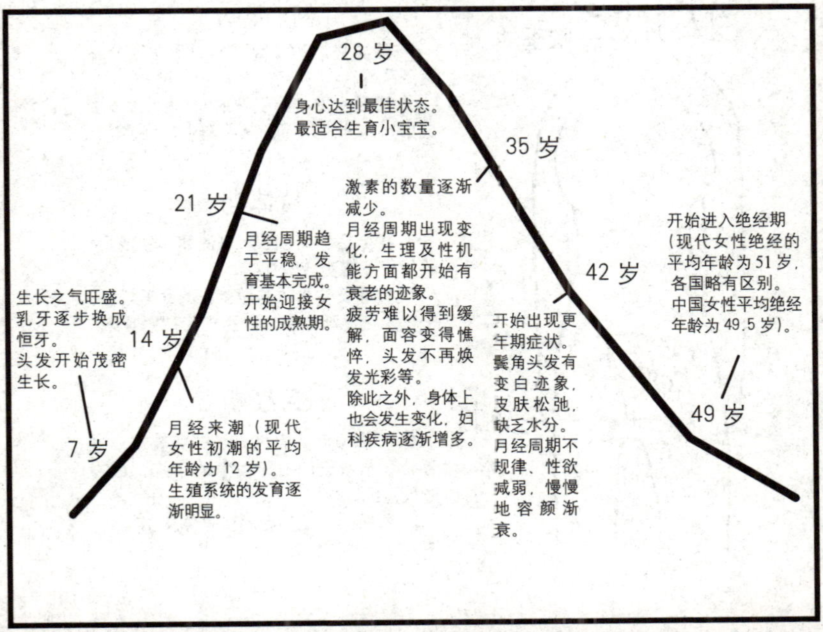

为什么会来月经？

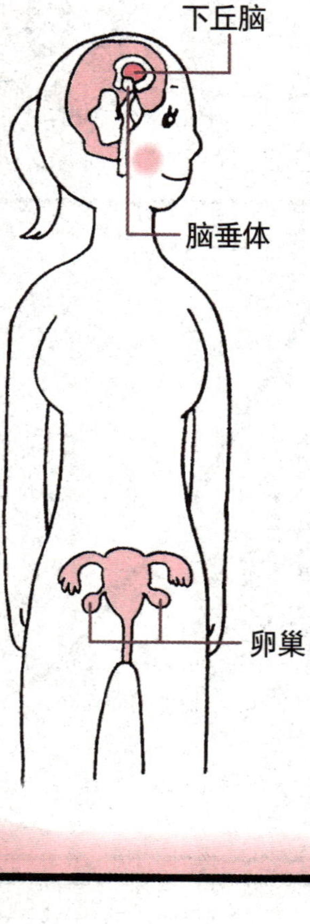

卵泡期

脑垂体分泌 FSH（卵泡刺激素），促进卵泡成熟。

紧接着雌激素开始分泌，子宫内膜迅速增殖。

排卵期

随着卵泡的发育成熟，雌激素分泌达到顶峰。

进而引发容易受孕的 LH（促黄体生成素）的分泌，卵子从卵泡中排出。

黄体期

排卵后，卵泡在 LH（促黄体生成素）的作用下转变成黄体。

伴随黄体素（孕激素）的逐渐增多，子宫内膜逐渐增厚，以利于受精卵着床。

月经期

若排卵后 2 周内无受精卵着床，雌激素和孕激素的分泌量急剧下降，最终形成月经。

然后，下丘脑会向脑垂体发出指令，进入下一个排卵期。

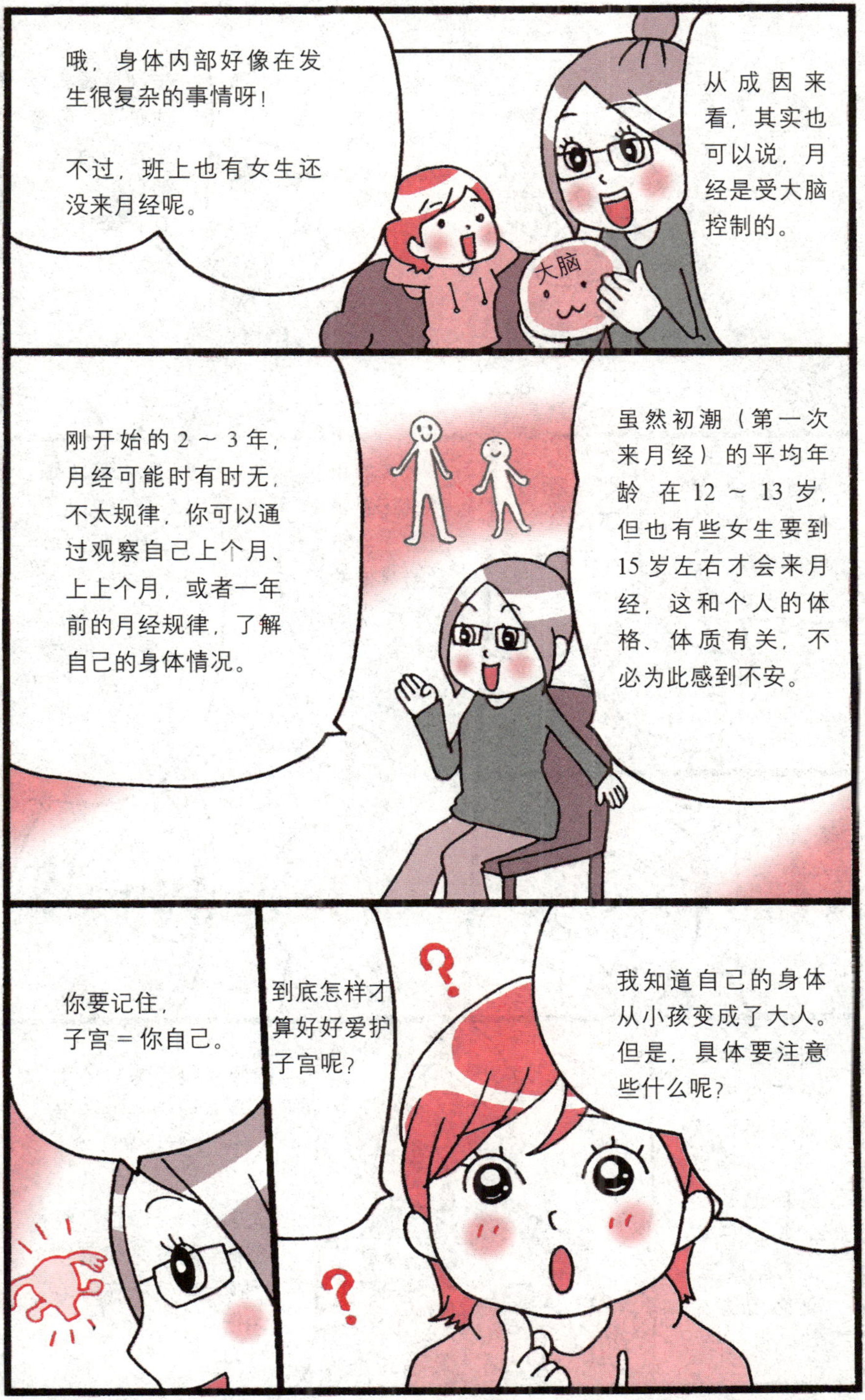
哦，身体内部好像在发生很复杂的事情呀！
不过，班上也有女生还没来月经呢。
从成因来看，其实也可以说，月经是受大脑控制的。
大脑
虽然初潮（第一次来月经）的平均年龄在12～13岁，但也有些女生要到15岁左右才会来月经，这和个人的体格、体质有关，不必为此感到不安。
刚开始的2～3年，月经可能时有时无，不太规律，你可以通过观察自己上个月、上上个月，或者一年前的月经规律，了解自己的身体情况。
我知道自己的身体从小孩变成了大人。但是，具体要注意些什么呢？
到底怎样才算好好爱护子宫呢？
你要记住，子宫＝你自己。

为什么月经会不来呢？
旷工？！
特别是如果身体受凉，或者没有得到充足的休息，月经有时候可能会不来。
而且我现在也不想要小宝宝。
嗯，应该不会立即产生困扰。
啊，何况我连对象都还没有。
那么，如果子宫休息不上班，会不会给我们的生存带来困扰呢？
像大脑、肠道、胃、肺、心脏等器官，都是一刻不停地在工作。为了生存，它们每天都奋战在自己的岗位上。
当然，此时身体可能隐藏着某些疾病，如果感觉自己的身体与以往相比有些反常，有必要去妇科就诊……
休息
如果月经不来，的确不会对我们的生存造成什么影响。
那是因为，即使月经不来，那些必须运作的器官依然在努力地工作。

如果每天都心情愉悦，那么无论是身体还是子宫，都会变得很健康！
不过，关键是我们要注意保暖，膳食要营养均衡，并且做一些适当的运动。
你最近是不是晚上通宵熬夜了？
嘤嘤嘤
原来是这样！想要爱护好自己的子宫，首先要做的是调理好自己的身体！
没错！
对不起啊！小宫。
而且，人本身也具有给自己治病的能力（自愈力）。
现在改还来得及！

所谓恒常性，是指机体会自我调节体温，将体温维持在一个稳定的范围。
温度低了！
我来升温！
我们的机体有能力进行自我恢复。
调整好生活方式，能激活自愈力，这样身体就会健康。
原来如此！
小爱姐，谢谢你！我会努力，好好爱护自己的子宫！
啊！已经这么晚啦！
要爱护自己的子宫，该睡觉啦——
真乖！

测试一下你有没有好好爱惜自己的身体！

下列选项中，如有3项及以上符合实际情况，说明你比较容易遇到月经问题，请一定要引起重视！从现在开始，重新认识自己的身体，力争做一个会生活的小美女。

□正常体温在 36℃以下。

□经常通宵熬夜。

□挑食程度严重。

□有皮肤问题，皮肤干燥，脸上反复长青春痘，不易消除。

□时不时变得很急躁，容易情绪低落。

□没什么力气，动不动就犯困，总是觉得没睡好。

□手脚冰凉，入睡困难。

□感到肩膀酸、腰酸。

□平时缺乏运动。

□容易便秘，或者容易腹泻。

符合的数量

共计　　　　项

打造一个不为月经问题困扰的身体！

只要你采用呵护子宫的生活方式，月经问题自然会得到缓解。让我们来看看，哪些生活方式，对生存之根本“衣·食·住”＋“身·心”而言是健康的。

衣着　子宫喜欢的时装

很多女孩喜欢追时髦，经常穿塑身服，要风度不要温度，这会令子宫感到伤心难过。这里介绍的一些衣物，你可以适当搭配穿着，让身体保持暖乎乎！

护腿袜

穿短裙或短裤时的必需品。

长靴

冬季除了上学的日子，外出时可穿长靴御寒。

暖宝宝脚贴

血液循环慢，脚尖容易发冷的人，适合用这款产品。
另外还推荐使用分趾袜。

盖到肚脐眼以上的热裤

这种裤子可以温暖地包裹住肚子和屁股，寒冷的夜晚少不了它！

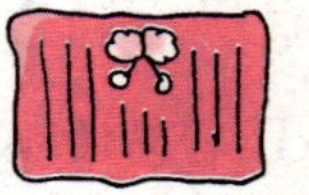

围腰

设计可爱的围腰，市面上也有销售哦。不妨试一试吧！

毛绒绵软的居家拖鞋

穿上能包裹住脚踝的保暖拖鞋，从此告别脚底冰凉。

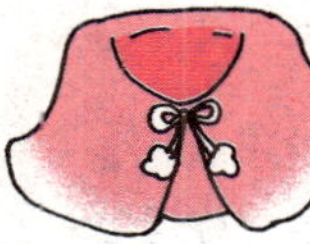

斗篷兼盖毯

这款实用物品，既可以当斗篷披在肩上，又可以叠起来盖在膝盖上保暖。
从此，冬天写作业就再也不怕冷了。

长上衣

多穿几件身体就热起来了！

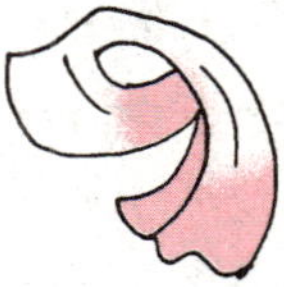

披肩

有肩膀疼、头痛的人，可以用披肩围住脖子保暖。
夏天空调开得比较低的地方，披肩也能派上用场。

具有保温功能的内衣

无论是在天冷的季节，还是在夏天的空调房，一件具有保温功能的内衣，都可以保护身体避免着凉受寒。

专栏　要选择干净、亲肤的内衣！

你有没有只顾追求光鲜亮丽的外衣，而忽略了内衣的重要性呢？内衣直接接触皮肤，所以在选择的时候，首先需要考虑它的亲肤性。其次再根据个人喜好，选择中意的颜色和款式，让心情因此愉悦起来。

除此之外，我们一定要注意内衣的清洁干净，尤其在月经期间，保持个人卫生，精神状态也会焕然一新。用心选择贴近自己皮肤的衣物，身体也会感到舒服。

饮食 能让身心健康的食物推荐

这里会介绍一些能补充元气的食物。

希望你能借此机会，对习以为常的一日三餐和零食，发生一些认识上的改观。

最近流行的生机饮食是什么？

所谓生机饮食（Raw Food,生的食物），是指进食未经加工、烹饪的食物的饮食方式。生的食物中，包含着大量“酵素”，它是一种能维持人体健康、治愈疾病、美化肌肤的蛋白质。推荐多食用沙拉、水果和生鱼片等食物。

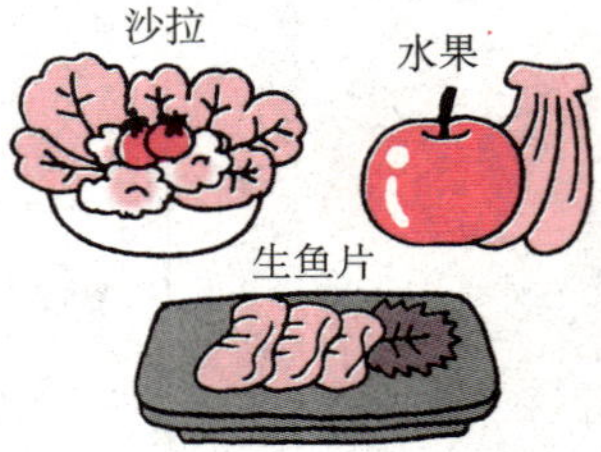

生机饮食的推荐零食

一想到甜食就让人嘴馋，但摄入白砂糖会使体温降低，对身体不利。

这个时候，我们可以选择下列零食！

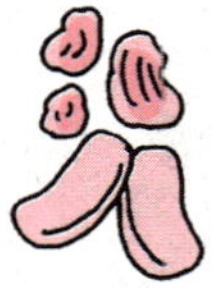

水果干

葡萄、梅子、无花果、椰枣（海枣）等。

＊最好是低温环境下处理的有机水果干。

坚果类

核桃、杏仁等。

＊推荐选择非油炸、不加盐的产品。

将生食浸泡在水中 1 小时以上，有利于帮助肠胃消化。

日本特色点心

鱿鱼干（乌贼干）、海带等。

松软、酥脆的点心不太好

为了让食物变得松软、酥脆，使用各式各样的食品添加剂当然就必不可少了。这类食品如果过量摄入，身体也会变得胖嘟嘟的，因此需要避免食用过度，应尽量选择未经加工的食物！

推荐选择以“全麦粉”“杂粮”为原料的点心！

虽然这些标有“全麦粉”“杂粮”的蛋糕和脆饼干并非生食，但它们同样可以令身体充满活力。这类点心的原料，采用包含谷皮的完整谷物，而谷物外壳中含有大量的矿物质和维生素。

专栏　零卡路里的陷阱

很多人看到食品上贴了零卡路里的标签，会暗自狂喜，觉得即使吃了也不会发胖。其实不然，这些食物虽说标识零卡路里，但多多少少仍然含有卡路里。而且它们往往含有人工甜味剂，其中一部分如果与碳水化合物一起被人体摄入，会抑制大脑分泌让人产生饱腹感的瘦素，反而会助长过量饮食，使人体更容易发胖！

请尽量食用天然、未经加工的食材，“细嚼慢咽”“心情愉悦”地就餐，这样就不会暴饮暴食了。

令身心舒畅的“美味零食”

市面上销售的零食固然各有千秋，但偶尔自己动手，为自己做一道可口的点心，是不是别有一番风味呢？

食谱1 巧克力果昔

材料

豆浆（原味豆浆最佳）　200毫升
蜂蜜（或枫树糖浆）　1～2大汤匙
可可粉（不添加砂糖、成分未经调整的纯可可豆原料）　1.5大汤匙
香蕉　1/2根
蓝莓（冷冻的也可以）　30克
香草精　少许

制作方法

将所有材料一起倒入搅拌机中，搅拌均匀即可。

食谱2 香蕉苹果果昔

材料

豆浆（原味豆浆最佳）　200毫升
蜂蜜（或枫树糖浆）　1～2大汤匙
香蕉　1/2根
苹果　1/4个

制作方法

将所有材料一起倒入搅拌机中，搅拌均匀即可。

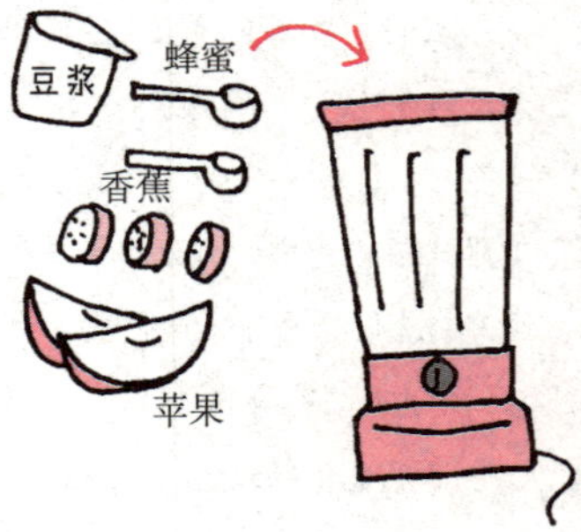

*果昔要喝鲜榨的！

食谱3 不含面粉的“米粉可丽饼”

材料

米粉　200 克
鸡蛋　1 个
水　350 毫升
盐　少许

制作方法

1. 把所有材料倒入碗中，混合均匀。

2. 取一个烤盘或炒锅，加入步骤 1 的混合物，两面加热即可。（用不粘锅烹饪，加热时可以不加油，吃起来更健康。）

*因为需要加热，记得和家里的大人一起制作。

在可丽饼、咸饼干或面包上，搭配手工奶油

这种奶油吃起来自然甘甜。

牛油果巧克力奶油

材料

牛油果　1 个
可可粉　2 大汤匙
枫树糖浆　80 克
香草精　少许
肉桂　少许
柑橘　1/4 个
（或 100% 纯橙汁 2 大汤匙）

制作方法

将所有材料倒入食品加工器内，混合均匀即可。

黄豆粉奶油

材料

黄豆粉　50 克
水　2 大汤匙
枫树糖浆　50 克
盐　一小撮

制作方法

将所有材料倒入碗中混合均匀。

居住 打造令身心放松的居所

当压力袭来，最好的缓解方法就是待在舒适的屋子里休息。

这里我们会介绍一些布置房间的方法，让你过得更惬意，心情更愉悦。

房间的样子能够反映你的心理状态

不断找借口说自己忙，于是衣服脱下来就随便乱扔，文具、书籍摊了一桌……你有没有中枪呢？常言道“你的房间就是你的内心状态”，不收拾房间、东西乱放的人，内心往往也不太平静。你可以先阅读下面列举的“整理物品前需要思考清楚的事”，然后再收拾自己的房间。

整理物品前需要思考清楚的事

其一：只保留真正必需的东西。

其二：类似的物品如果有好几个（比如有 7 把尺子、3 个圆规），那就留下自己最喜欢的那个，其余的全部扔掉。

其三：明白现在用不到的东西，将来也不会派上用场，需要把它们处理掉（比如打折买来，只穿过一次的衣服等）。

怀着谢意丢弃物品

丢弃物品时，不要直接往垃圾桶里一扔就完事，扔的时候可以加上一句：“谢谢你！以后买东西时我会再多思考一下。”如此，你的心情也会变得舒畅。

除此之外，不需要的物品你也可以拿去义卖，或卖给旧书店、二手服装回收店。如果把物品给予他人时，记得体贴地补充一句：“不喜欢扔掉也行。”

包包里都装着些什么

你的包包是不是整理过呢？里面有没有收据、零食包装之类的东西呢？包包里也装着自己的一小片天地，所以务必只保留“真正需要的东西”和“自己喜欢的东西”。包包变轻了，身心也会轻松许多。

专栏　如果没有属于自己的房间……

相信一定有人没有自己的房间，或者和兄弟姐妹共用一室。这时候，你比较容易受周围环境的影响，觉得既然别人不收拾房间，那我也不整理了……但凡事都要从我做起，让我们先从整理自己的区域开始吧。

命令别人做这做那，无法真正使对方产生共鸣，自己先以身作则最重要。对方如果看到你在收拾后，也开始动手整理了，是不是一件令人高兴的事呢？让我们从自己做起吧！

心态 培养积极的心态

为什么开心的时候身体很好很健康，一旦情绪低落，身体状况也会跟着变差呢？其实这是心灵和身体相连的缘故。

什么叫作“积极地生活”？

越是认真的人，越会逼着自己积极生活，有时反而会努力过头而累到自己。适当地朝前看，直面自己的内心，感到痛苦的时候，温柔地安慰自己。养成一种自然、不刻意的积极心态！

教你保持乐观心态的小课堂

小课堂1 试着感受自己的情绪

你是不是会脾气不好、刁难别人，或者一个人躲在自己的世界里？出现这些情况可能说明，你正在有意回避自己的内心。但是你回避得了一时，却回避不了一世，所以请好好感受自己的真实情绪。

选择一个安静的地方闭目休息，回想那些令你感到不快、生气的事。

你现在感受到怎样的心情呢？要是感到悲伤或难过，你就尽情地哭吧，要是觉得非常生气，就发泄一下（不过不要把怒气发泄在别人身上）。

建议写写日记

这里也推荐大家养成写日记的习惯。“跟他说话却不搭理我，那家伙真让人生气！”“今天和闺密聊了一些与恋爱有关的话题，超开心！”像这样，记录下每天发生的事情和自己当时的心情。“无视我的存在真气人！我自己以后也要引以为戒。”“感谢这个和我无话不谈的闺密。”生活中有许多这样的点点滴滴。

感受到自己的情绪以后，自己安慰自己：“我真不容易啊！”随着心中的乌云逐渐消散，你的心情也会豁然开朗，又可以信心满满地迎接明天了。

小课堂 2　不方便说出口的事，运用“我”开头的句子表达

哪句话听起来舒服？

1. “为什么不联系我？”
2. “没有你的消息很寂寞……”

第 1 句是以“你”为主语的句子。“（你）为什么不联系我？”第 2 句是以“我”为主语的句子。“没有你的消息（我）很寂寞……”如果像第 2 句那样，将自己的心情表达出来，就不会显得像是在责难对方。

不方便说出口的事，运用“我”开头的句子表达，告诉对方自己的感受，和对方进行沟通交流！

小课堂 3　比起纠结过去，不如考虑未来！

对方让人不高兴，我们很容易会翻出旧账责备对方："为什么你当初不听我的建议？"下次我们试试换一种将来时的问法："能不能告诉我，要怎么做你会听我的建议？"这句话会成为打开彼此心灵的钥匙！

过去　为什么没做好？

↓

未来　要怎么样你会做好？

专栏　怎样获得内心的满足？

总觉得内心得不到满足，一直郁郁寡欢……遇到这个问题的时候，希望你能记住一句话——人如果能感觉到自己为了其他人而活着，内心就会得到满足。

比如让座、捡起路边的垃圾（这也是为了其他人，为了地球环境）、帮助老奶奶、自己的事情自己做……这些小事就已足够。

努力学习也一样，它的意义不仅限于为了考上理想的大学，更是"为了将来踏上社会后，从事的工作能够造福他人"！如此思考，内心会得到满足。

我们并不是一个人在活着，而是彼此扶持着前行。所以，
每个人付出自己的一份力量，是非常重要的事。

用这样的思考方式，你的内心应该会逐渐变得充实。

身体 让我们的身体循环通畅起来！

要让我们的身体不被月经问题打倒，最重要的是，我们身体内部的血液和淋巴循环系统要通畅。下面我们就来介绍促进身体内部循环的有效方法。

用泡澡消除一天下来的疲劳

舒服地泡上15分钟温水澡(39℃左右)。泡澡会加速新陈代谢，身体内部的循环也会随之通畅起来。如果加入与当天心情相配的入浴剂，说不定能将一天遇到的不快统统洗掉，整个人变得神清气爽。有些人觉得一天很忙，匆匆淋浴了事，其实放松地泡个澡，让身体热乎乎的，更利于睡一个好觉。

促进骨盆部位的血液循环，从此告别痛经

其一 转呼啦圈温暖子宫

推荐大家玩玩呼啦圈，这么做能温暖下半身，例如子宫，并改善血液循环。请根据个人情况适量运动。

其二 骨盆运动操

1

两腿分开约与肩同宽，膝盖略微弯曲。两手叉腰。

2

骨盆前后摆动 10 次。

3

骨盆左右摆动 10 次。

4

骨盆按顺时针方向转 10 次。

5

熟悉了这套骨盆运动操以后，推荐大家可以在刷牙或看电视时，练习上述动作！

拉伸肩胛骨，促进上半身的血液循环！

上半身的肩胛骨，附着了比较大的肌肉群。所以，运动肩胛骨，全身的血液循环都会得到改善！

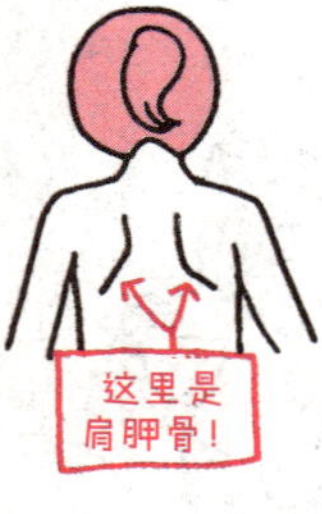

1

双手交叉于前方，手掌向外，肘部呈拉伸的状态向前拉伸。此时肩胛骨会得到伸展。

2

接着，尽量把两手臂向后方张开，将胸腔打开。此时肩胛骨向中间靠拢。步骤 1 和 2 需要重复 10 次。

走模特步，健康地瘦身！

模仿模特的走秀动作，能增加肌肉，加速体内脂肪的燃烧，让你变得更加美丽。

最好准备这个

感觉脚掌贴合地面的鞋子。

基本姿势

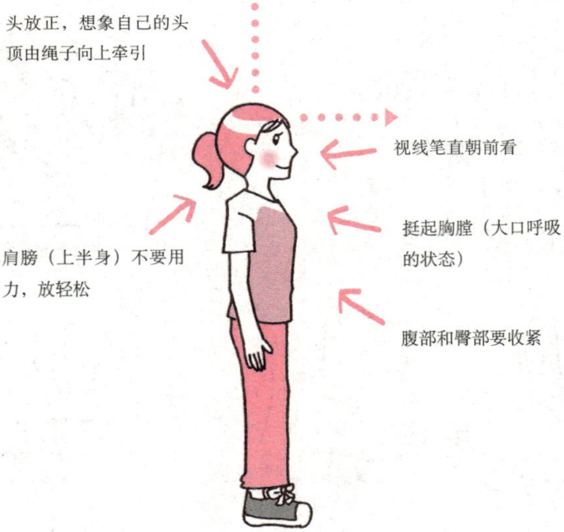

走路时的要点

- 由骨盆处发力，带动腿向前迈出。
- 迈出腿后，膝盖伸直，脚尖向着正前方。
- 脚跟先着地。
- 精力集中于大腿内侧，走路时维持躯干的稳定。

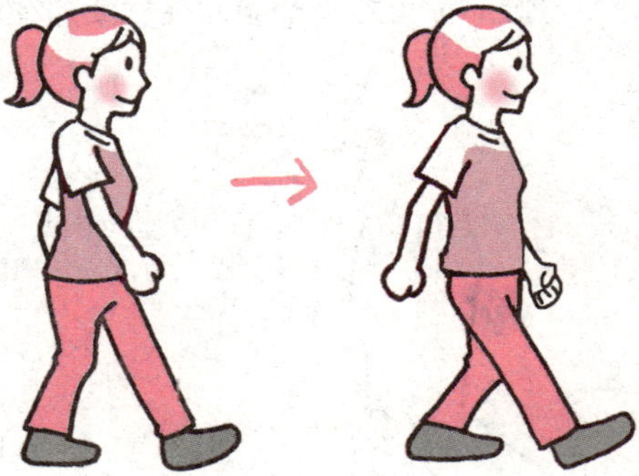

反射区按摩疗法

所谓反射疗法，是一种通过刺激手和脚上的对应“反射区”，促进人体健康的方法，其起源可以追溯到古埃及时代。这种疗法据说能够立即见效。

让女生月月舒心的反射区

按摩下面介绍的一些反射区，能有效解决月经问题。

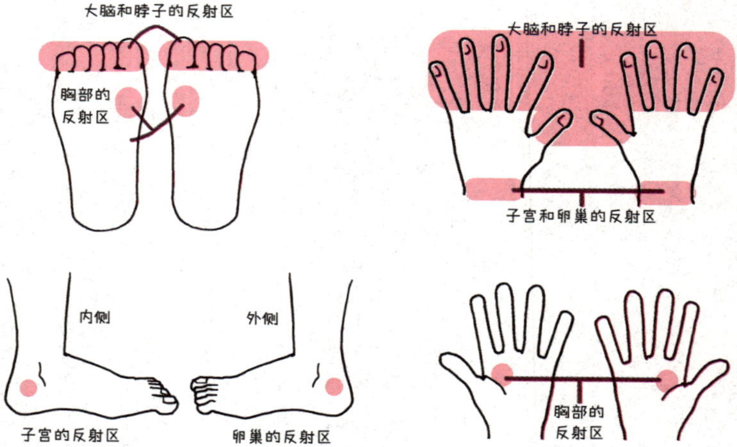

假如你正为不舒服的症状或痛经所困扰

足部反射区的按摩

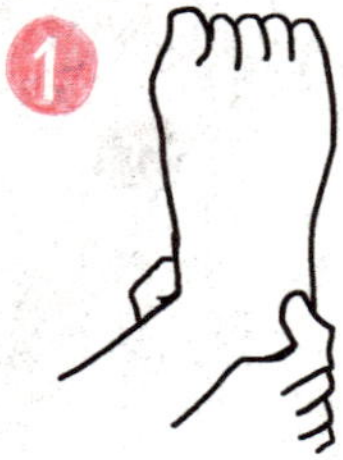

用指腹按压卵巢、子宫的反射区，力度以略感酸痛为宜。

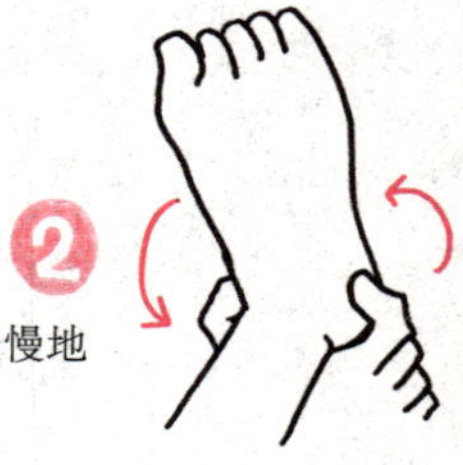

一边按摩，一边缓慢地扭动脚踝，放松脚部。

手部反射区的按摩

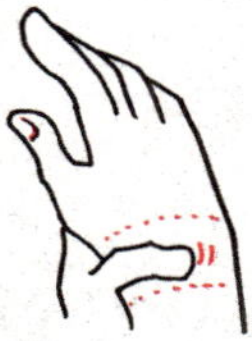

用拇指沿着另一只手的子宫／卵巢反射区进行刺激按摩，力度以略感酸痛为宜。可以随时随地按摩，比如休息或看电视时。

假如你希望经期也能精神饱满

按摩双脚的脚趾（大脑与脖子的反射区）和双手的各个手指尖。刺激到略感酸痛，就能得到精神的恢复和放松。

假如你想获得放松，消除不安与紧张

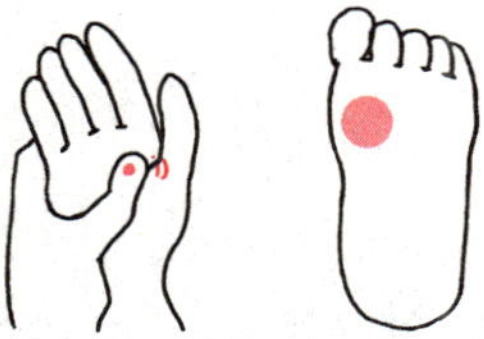

刺激手和脚上的胸部反射区。如此按摩，身体会感到舒服，自然就能睡得香。

足底骨碌骨碌

古时候，有一种非常流行的养生方法——光脚踩竹子法。【踩竹子法：将竹子从中间切半制作成器具，人可踩在该器具上，利用自身体重为脚底按摩。——译者注】通过对脚底的刺激，促进血液循环。如今，光脚用脚底转动高尔夫球，同样能起到按摩的作用。

按摩手部时，则可以双手十指相扣，中间空隙内放入高尔夫球并转动按摩。

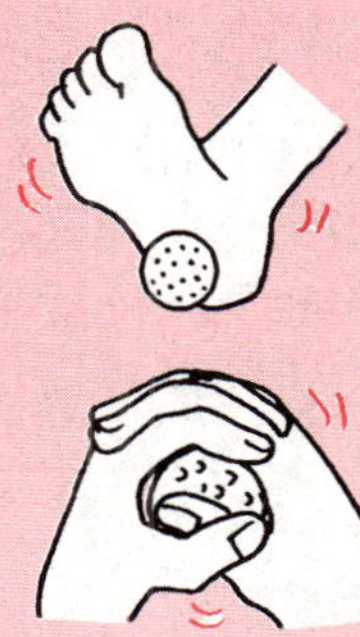

女生们的提问

为什么会这样呢？

Q. 为什么女生要来月经呢？

A. 我们人类不但拥有社会分工，比如需要学习、工作，作为生物同样也肩负着“生育”的任务。有了能够孕育后代的女性，生命的接力棒才能不断传递下去。要是没有月经，生命就无法诞生。

人类得以代代延续，全都要仰赖月经。

Q. 只有人类会来月经吗？

A. 动物（哺乳类）在交配时会刺激排卵，如果卵子没有成功受精，子宫内膜不会增生，自然也就不会出血了。不过，猩猩也会来月经（有些小狗身上也会出现出血的现象，但那不是月经，更可能是怀孕的信号）。

动物的发情期与妊娠期重叠，而人类的发情期并不固定，因此妊娠期也不确定。或许这是因为我们人类可以不受外界气候或天敌的影响，正常分娩和育儿的缘故。通过了解月经周期，知道避孕的方法，人类能很好地控制生育，这也是只有人类才懂得的科学知识。

Q. 男生身上也会出现类似月经的变化吗？

A. 男生进入青春期后会出现“遗精”，也就是精液从体内排出的现象。不过，遗精不会像女生的月经那样定期发生。

随着雄性激素分泌的增多，男生的“性欲”会逐渐增强，为了自我控制这种性冲动，必要的自慰的次数也会增加。自慰并不是坏事，是一种正常的生理现象。

另外，男性性冲动时，阴茎会膨胀变硬，出现勃起现象。

为了控制自己的性的问题，男生和女生一样，都需要接纳自己身体和心理上出现的巨大变化。

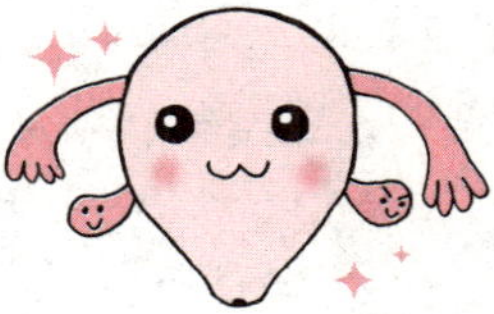

Q. 为什么女生的身体不能着凉？

A. 正所谓万病源于“寒”，身体着凉后会引起血液循环变差、月经不调、肩膀酸痛、腰痛等一系列症状。除此之外，新陈代谢也会变慢，不仅身体容易浮肿、发胖，自身免疫力也会下降，机体无法修复自身，防御感冒的能力也会变弱。

男生最好也注意保暖，不过跟女生相比，男生的肌肉更发达，不太容易受凉。

尤其是刚来月经的女生，着凉同样会导致血液循环不良，出现月经问题。希望每个女生平时注意关照好自己的身体。

Q. 不爱惜自己的子宫会出现怎样的后果？

A. 如果你发现自己有月经不调的问题，却依然不改变自己的不良生活习惯，比如不注意保暖、经常熬夜、营养摄入不足等，那么月经不调就不会消失，到了女性生长发育时期，激素水平也会失衡。

过度节食导致的闭经，如果不采取措施放任不管，可能会延长月经恢复的治疗时间。子宫出现问题，会对全身产生影响，请大家务必注意。

第2章

大家都有月经的烦恼

你有没有为“肚子痛”“心情焦躁”等月经问题所困扰？这些可能是子宫发来的求救信号。

本章我们会从容易出现的问题说起，同时介绍相应的对策。大家都仔细聆听一下自己身体的声音吧！

经期出现问题，其实是子宫发来的求救信号？！

就算起晚了，打扮还是不能省啊！
呼——
考前复习到很晚，已经睡眠不足了，加上来月经本身就容易犯困，现在只感觉浑身软绵绵的……饭也吃不下去……
太打击人了！啊！得换条内裤……
来月经时骑车真不舒服！
真——是——的——
吧嗒
吧嗒
老妈，饭我就不吃啦！来不及了！
喂！回来！这孩子……
考试
高级中学
超级生气！！
讨厌！讨厌！讨厌！！

好像感觉有点困……
迷迷糊糊
你不好好重视我，才会这么难受的！
哎呀！
喂！不要打瞌睡！现在是在考试哦！
哈！
对……对不起。
啊哈哈哈！
终于解放啦！
今天庆祝庆祝，我们去唱卡拉OK吧——
卡拉OK 随心唱
我今天来月经了，心情有点郁闷。

看起来的确不太好。我姐姐痛经也很严重，有一次还吐了，被送进了医院。
不过现在似乎好些了……小舞，你好像很不舒服啊！
感觉腰沉，全身乏力，完全提不起精神……
我也不是有意和其他人比较，但可能我生来就个子矮小吧，第一次来月经也比较晚。
现在经期也不太规律，有时2个月才来1次，有时1个月来2次，我很担心……
啊，没什么。
？？
跟你说——今天简直是最糟糕的一天。我还遇见了一个奇怪的生物。
记得有一次，我的肚子痛得死去活来，止痛药不能离手……
我来月经前总是情绪焦躁，脸上长痘痘。
会超想吃甜食，还特别容易犯困。

我也是！想变苗条！想变苗条！
还有，我好想知道怎样才能减肥。
话说回来，以前从没这样聊过关于身体的话题，偶尔交流一下真好！真好啊！
同病相怜……
原来大家各有各的烦恼啊！
可是我又忍不住想吃甜食——
哇哇
先不管这么多啦，再唱一首！
啦啦
叮叮当当
老妈说还有一点工作，要晚回家，我们一起做饭吧！
小舞！

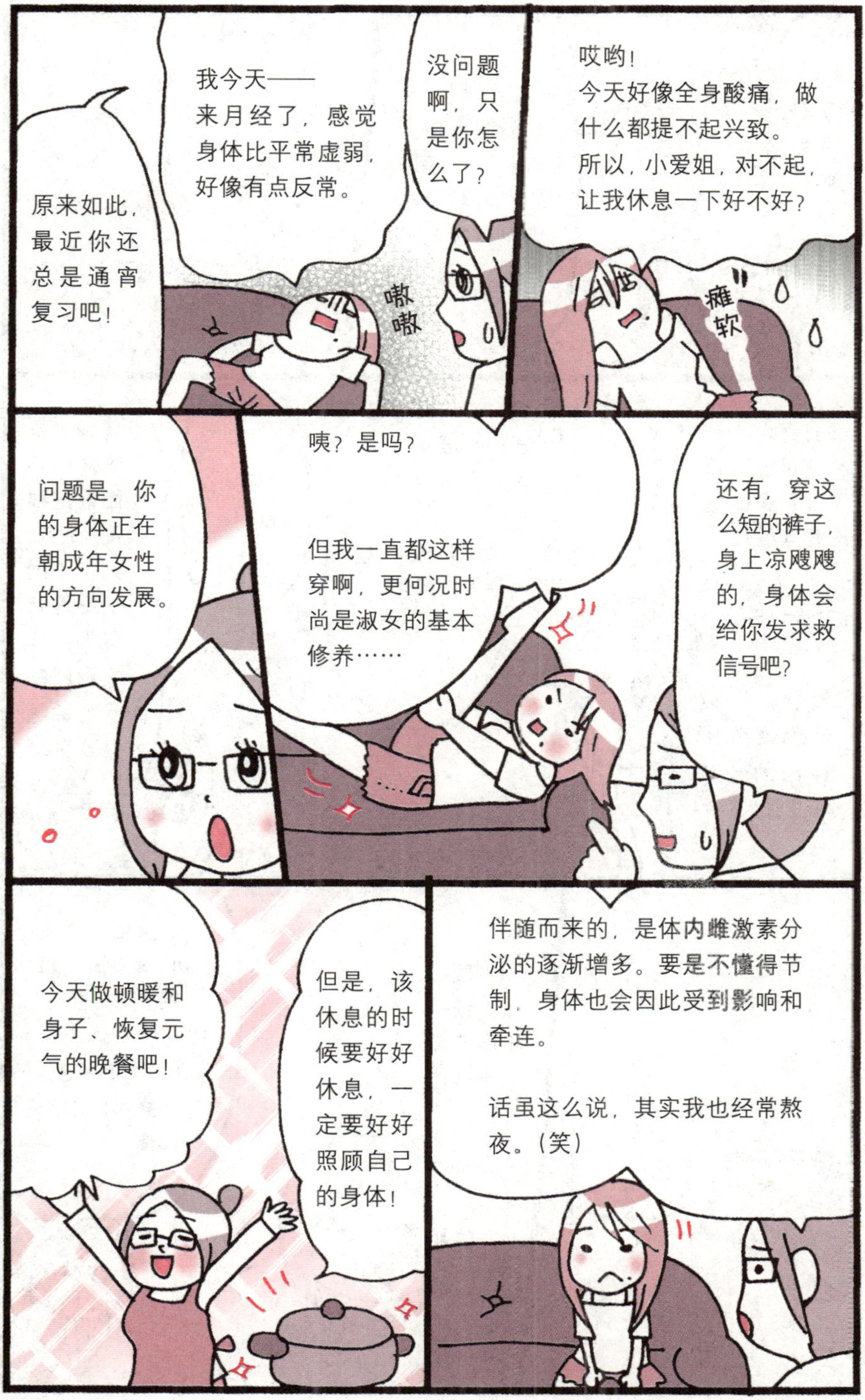
我今天——来月经了，感觉身体比平常虚弱，好像有点反常。
原来如此，最近你还总是通宵复习吧！
没问题啊，只是你怎么了？
嗷嗷
哎哟！今天好像全身酸痛，做什么都提不起兴致。所以，小爱姐，对不起，让我休息一下好不好？
瘫软
问题是，你的身体正在朝成年女性的方向发展。
咦？是吗？
但我一直都这样穿啊，更何况时尚是淑女的基本修养……
还有，穿这么短的裤子，身上凉飕飕的，身体会给你发求救信号吧？
今天做顿暖和身子、恢复元气的晚餐吧！
但是，该休息的时候要好好休息，一定要好好照顾自己的身体！
伴随而来的，是体内雌激素分泌的逐渐增多。要是不懂得节制，身体也会因此受到影响和牵连。
话虽这么说，其实我也经常熬夜。（笑）

肉
!!
啊，
被抢掉了。
啊哈哈哈哈！
アハハ
吃了火锅，不仅感觉身体变热乎了，和朋友、小爱姐聊聊有关身体的话题，心情也好多了。
呼——
真是太好啦！
这是什么意思？
其实，就算疼痛和困倦的程度相当，处于不同的环境状况下，体会到的感受也会随之改变。
比如像这次，同时遇到考试，心理压力会比较大。
于是，疼痛感和困倦程度也会因此增强。
有意思——就是说，心灵和身体是相连的！
没错，所以我们要爱护自己的心灵和身体。
相反地，即使心情愉快，如果身体着了凉，机体内部的循环变差，一样可能增加疼痛。
要风度可以，但是不能不要温度哦！
知道啦！

果真如姐姐所说，热乎乎的好舒服。
短信铃声
她还说，在大腿之类肌肉多的地方，放上一个稍小的汤婆子，能迅速温暖身体。
小爱姐说，睡觉时要让肚子暖暖的，所以给了我一个小汤婆子。
刚刚老妈问我：“月经来了吗？”我回答说：“嗯，来了。”但其实我完全推测不了什么时候会来，月经一点规律都没有。怎么办？我突然觉得好焦虑。
是优子发来的消息……
今天一起唱卡拉OK，还聊了聊女生之间的话题，真开心！
嗯？
咔嗒咔嗒
丁零……
要不，下次等我姐有空的时候，办一个“女生茶话会”，大家畅谈各自的烦恼！
好羡慕你，我只有哥哥和弟弟，不好意思问他们……真想跟你姐姐聊聊天……
哦哦，是有点让人担心。刚刚我和姐姐谈了谈心，觉得心情舒畅了很多。
我姐学护理专业，帮我解答了许多心中的疑虑，让我安心不少。
丁零……
真的？好开心！学护理专业的，听了就叫人安心！真是值得信赖的大姐姐！下周一学校见啦！
咔嗒咔嗒

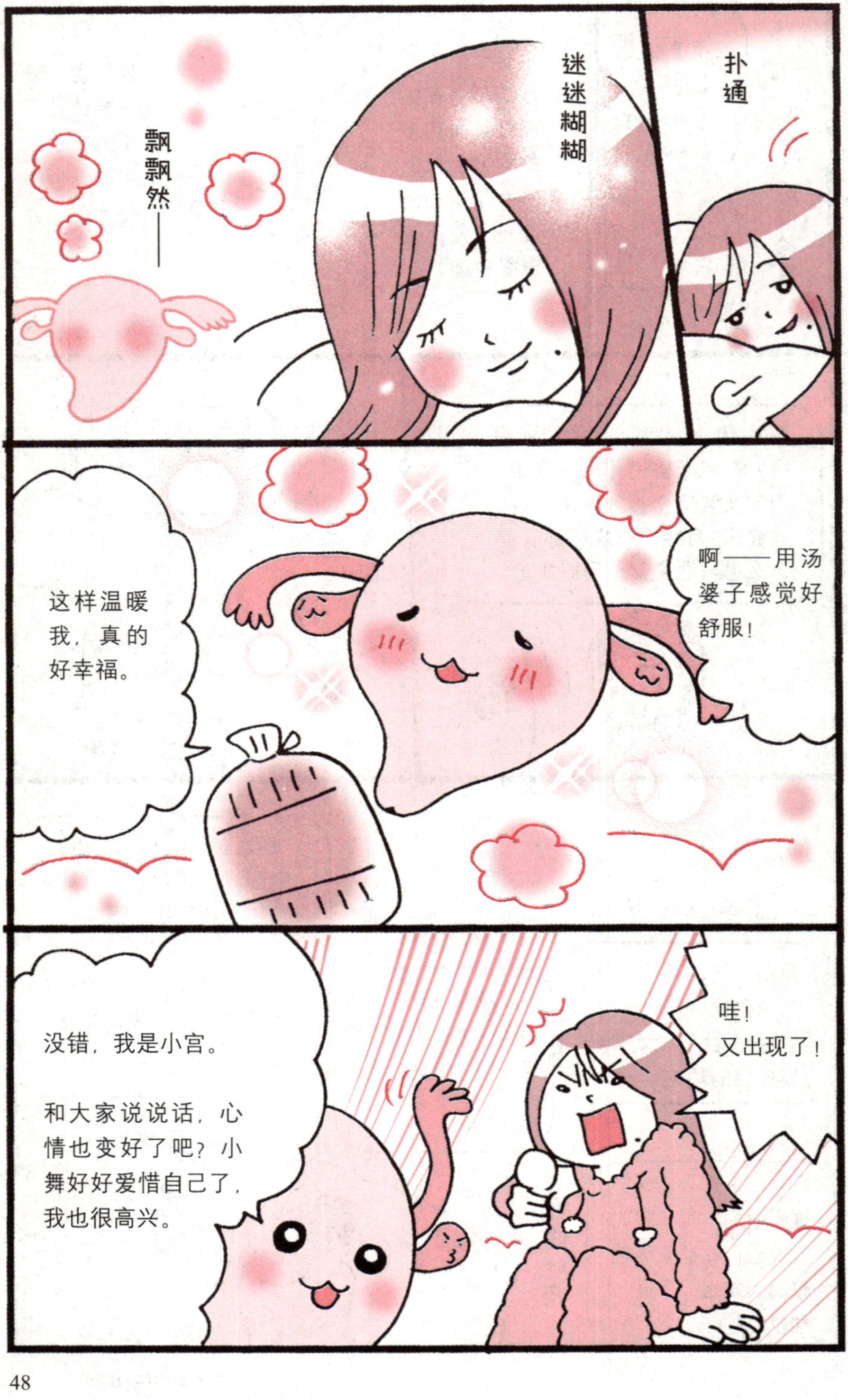
扑通
迷迷糊糊
飘飘然——
啊——用汤婆子感觉好舒服!
这样温暖我，真的好幸福。
哇!
又出现了!
没错，我是小宫。
和大家说说话，心情也变好了吧？小舞好好爱惜自己了，我也很高兴。

要提升女性气质，不仅限于外表！
嗖
爱护身体，保持身体内部的健康，才是培养女性气质的关键。
吭哧吭哧
又做了莫名其妙的梦……
不过，小宫看起来很幸福的样子。
也就是说，我的身体也很幸福吧。
虽然个中缘由让人摸不着头脑，但心情好像还真不赖。

温柔对待身体，幸福就会降临？！

真庆幸昨晚用了汤婆子，能够睡得很香，现在感觉神清气爽。
我以前总是嫌弃厚重的衣服老土不好看，今天挺意外，居然平静地接受了。
日
小舞早上好！今天好像跟以往不太一样啊！
哟
学长！
啊，稍微改变一下形象。偶尔换成清纯型。（笑）
各种形象都能驾驭，真可爱啊！
学长竟然对我说这些话，越来越对他有好感了。

哎呀！M学姐，你的脸色好像不太好啊？
嗯……最近痛经厉害，要吃止痛药才能好转一点，可今早有些匆忙，忘记吃药了。
找到啦！
沙沙声
？？？
啊，我姐姐提到过这个！
砰！
我姐姐告诉我，把暖宝宝贴在丹田，或者肚脐正后方的穴位（肾俞穴）附近，让肚子暖和起来，痛经就会得到缓解了……
肾俞穴
丹田穴
回去休息一下吧！
这个拿好！暖宝宝和热茶。

辛苦了！
其实我今天也来月经了，但是一点也不痛！我还戴了护腰。
喝了小舞给的热茶，身子暖乎乎的，感觉稍微好些了。
真的帮了大忙，谢谢！
我去药店买些药就回去。
辛苦了！
嘿，小舞，一会儿有空吗？
一起吃个午饭再回家吧！

哇！真的太棒啦！
他是同校的学长，但比与他同龄的男孩子显得更成熟，好有魅力！
如果他有女朋友，应该不会约我共进午餐吧……
也就是说，我有希望？
最近刚和同年级的男友吵架分手了，说不定……
嘿嘿……
COFFEE
自从那天以后，周末上完早班，学长时常会找我一起吃饭……
学长，你经常约我吃午饭，女朋友不会担心吗？
学长到底为什么要约我呢……
滋滋

是嘛……
看来并不是
喜欢我！
不会啊，我现在是单身。
和小舞在一起，我觉得很开心。
因为小舞特别可爱，能在你身边，
我觉得好幸运！
今天又有
你的陪伴，
谢谢你！
我想和你
交往，你
怎么想？
啊，看来再
不说就没机
会了！
小舞，我喜
欢你！
那个……
我现在也是
单身，但是，
还……怎么
说好呢……
交往是不是
还……
就是说，你
答应啦？
我也很
仰慕学
长……
谢谢你
这么说。
太突然了
吧！吓死
我了！
什么？
什么？

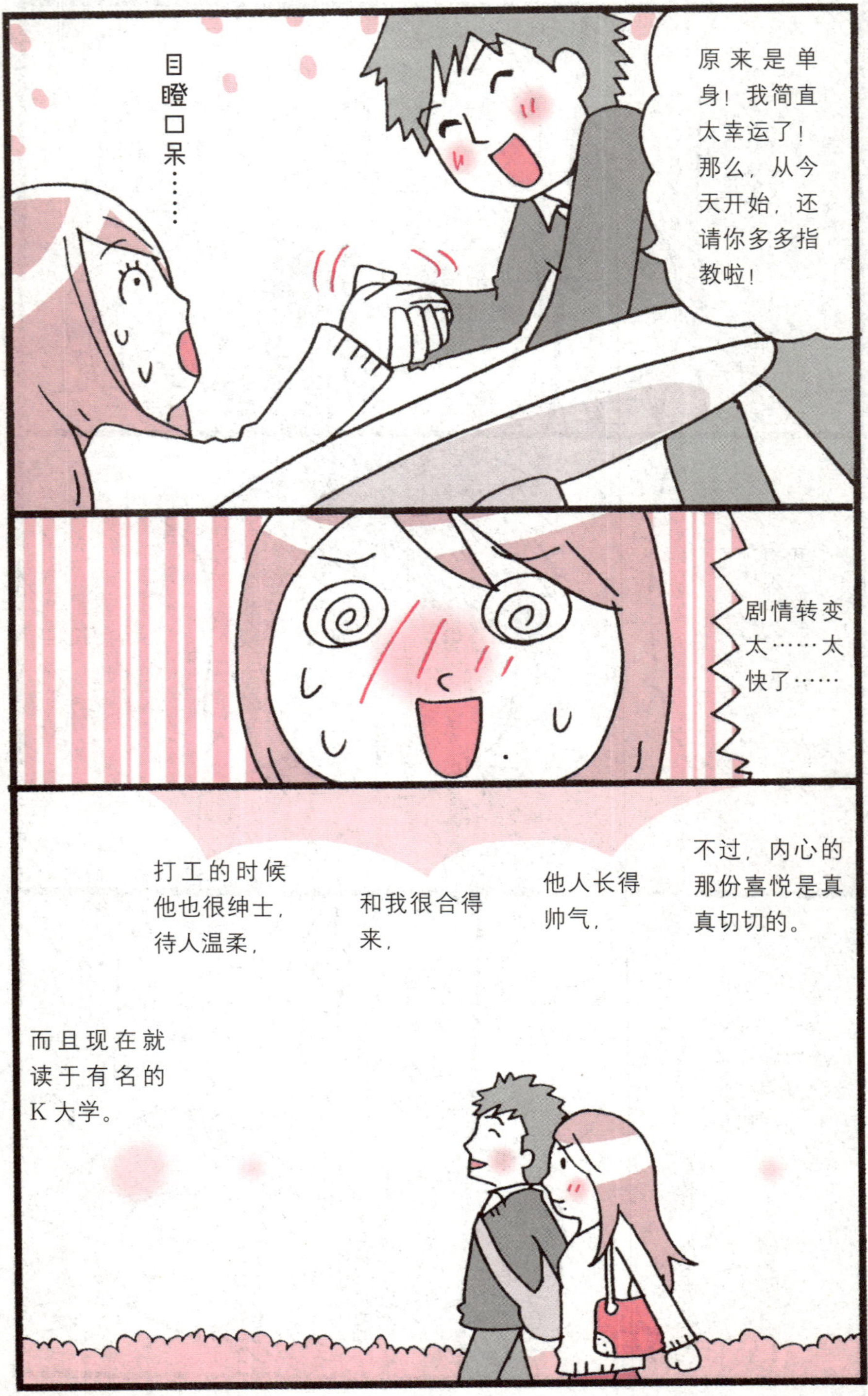
目瞪口呆……
原来是单身！我简直太幸运了！那么，从今天开始，还请你多多指教啦！
剧情转变太……太快了……
不过，内心的那份喜悦是真真切切的。
他人长得帅气，
和我很合得来，
打工的时候他也很绅士，待人温柔，
而且现在就读于有名的K大学。

我会经常给你发短信，可别被我吓到哦！
是吗——看来人不可貌相啊！
我有怎样的相貌？
啊哈哈
嗯，很稳重的样子，感觉不太喜欢发短信。
嗯
这样吧！我们去看场电影，也当庆祝庆祝！

通过月经了解自己！

等下！要是不介意的话，我现在泡茶给你们喝，不用开果汁了。
女生茶话会
啊哈哈哈
最近天气转凉，喝点热饮，身体就不会着凉了。
姐姐一上来就用“保养身体”的内容开场。（笑）
因为这的确很重要嘛！
直到高中毕业前，我都没在意过自己的身体。因为经常过度劳累、不懂得节制，每次来月经时总是特别难熬。
嘿嘿，今天让我们来听听小爱姐的故事！
啊哈哈哈
姐姐们聚在一起聊些啥呢？
暗中观察

你来得真是时候！
我说，未唯是什么时候来大姨妈的？
为、为、为……为什么突然问这个？？
今天我们举行关于高中女生月经的分享会。
平时不好意思说出口的话，可以讲出来和大家分享，说不定还能收获不少。
原来是这样……我从没考虑过这个问题。
其实很想过来听吧？看看姐姐们的世界是什么样的。
啊、啊、啊……才没呢，没有。
呵呵
我也是刚刚学了一些妇科知识，借此机会和大家聊聊，还能当作复习！
上茶咯
唔——要不我也参加一下吧……

感觉稍微有点难为情……大家算我一个吧！
靠近点 靠近点
会感到难为情是很正常的，其实你用平常心看待它就行了。
不管怎么说，最重要的是要以积极的心态看待月经。
而且，越是了解月经方面的知识，疼痛也会相应减少。
因为了解了真实情况，放心了，疼痛自然也会得到缓解。
那么就是说，如果听姐姐们的聊天，增加知识储备，我的痛经也会减轻？
天下有这么好的事！真好！我也要听！
好咧！在开始女子分享会之前，我们先检查一下自己的月经问题！
下一页中列举的项目，只要有一项符合你的实际情况，就说明你可能存在问题。
GO！

□月经周期相差 6 天以上。

□每次来月经时，都会感受到强烈的疼痛。

□痛经严重到妨碍日常生活，一直需要服用止痛药来缓解。

□月经时间超过一周。

□月经时间 2 天以内就结束了。

□经血（月经期间随阴道分泌物一起排出体外的血液）的量很多，有时会形成像动物肝脏一样的血块。

□经血量非常少。

□非月经期间也会有出血的症状。

□月经超过 3 个月都不来。

□来月经前几天身体会出现各种不适，但月经一来，这些症状就消失了（来月经前情绪焦躁，没来月经时，下腹、腰部会感到疼痛等）。

□月经期间身体会不舒服（精神上感到不安，头痛、恶心等）。

* 如果发现自己身上出现异常情况，可以向大人（例如保健老师、妇科医生）咨询。

你的妈妈第一次来月经也很迟吗？有时候可能是遗传的原因造成的。
而且，体格的大小也会对此多少产生影响。优子的个头相对比较瘦小，说不定还没有形成规律的月经。
你知道“基础体温”这个词吗？
嗯
好像有听说过。
基础体温是指人睡醒后立即测得的体温。
人体处于非静止状态时，体温会出现波动，而睡醒后立即测得的体温，不会受到机体活动的干扰，所以称之为“基础”的“体温”。
基础体温受雌激素的影响，分为“低温期”和“高温期”。
睡醒后立即测！！
所谓“女性体温计”，是指能测出精确到小数点后2位的体温计，把自己每天测得的体温制成曲线图，就能发现其中的规律。
听起来有点复杂……
一点都不复杂哦！对了！每天我都会测量自己的基础体温，我去拿给你们看看！
好像是这个。
沙沙……
36.35

基础体温曲线图

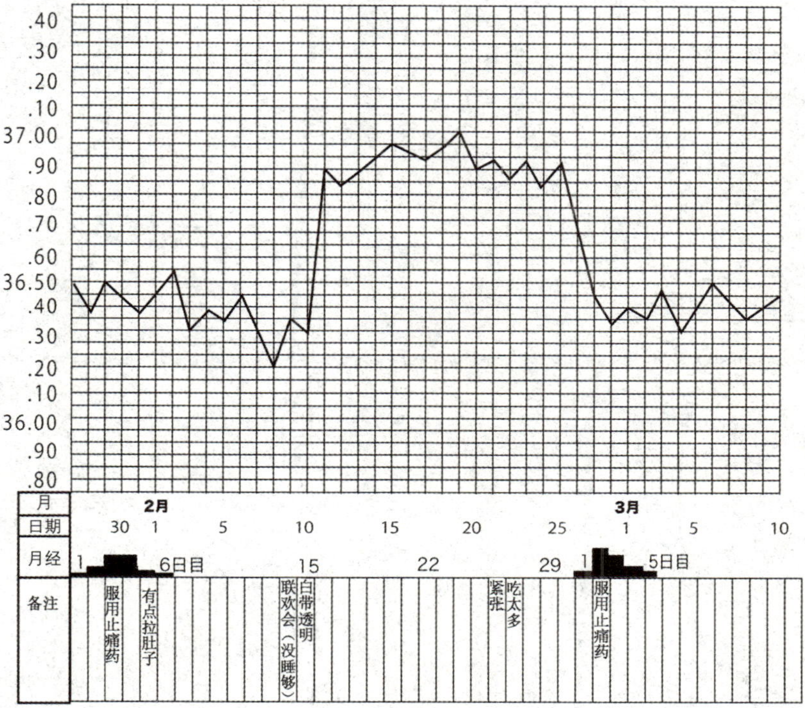
.40
.30
.20
.10
37.00
.90
.80
.70
.60
36.50
.40
.30
.20
.10
36.00
.90
.80
月
日期
月经
备注
2月
3月
30 1 5 10 15 20 25 1 5 10
1 6日目 15 22 29 1 5日目
服用止痛药
有点拉肚子
联欢会（没睡够）
白带透明
紧张
吃太多
服用止痛药

同样我们也可以发现，从月经来潮的2月26日开始，体温出现了下降。通过这张图表，月经来潮的时间、排卵日都能一目了然。
在人体正常排卵的情况下，从月经来潮到排卵会呈现持续低温，排卵后则连续升温。
从上面这张图表可以看出，2月10日到11日，体温明显上升，可以判断这段时间出现了排卵现象。

可是……
扭扭捏捏
优子，以后不妨每天早晨测测你的基础体温吧！还有，要是自己不放心，一定要告诉妈妈，这没什么不好意思的，而是一件非常重要的事！
咦——我还是头一回知道！以前可能学过，但当时大概没兴趣学。（笑）
除此之外，月经与女性的身体健康也是息息相关的。
这个问题保健课上好像教过，说这是为了将来能生小孩而做的准备……
一把搂住
你知道月经产生的原因吗？看起来我们最好从这个部分开始仔细介绍。
嗯，答对了。
真的假的？不是吧——
古时候女性长到16岁左右就生小孩了，你们知道吗？
月经的产生，同样也是为了让女人更具女性魅力、更漂亮迷人。正是这些雌激素孜孜不倦地工作，才使我们能够成长为成熟的女性。
NO!!

以前的女性，月经初潮后没过几年就会结婚生子……当时生 4 ～ 5 个孩子非常正常，有些女性甚至会生 10 个左右。
嘿嘿！我就料到你们会有这种反应！
要是我生活在那个年代，估计会推迟。(笑)
由于身体一直处于妊娠、哺乳的状态，月经来潮的次数当然也就相应减少了。
说得没错
虽说月经的次数变少了，有点让人羡慕，但取而代之的是怀孕或哺乳，一样很辛苦！
女性超过 28 岁再结婚生子，而且一辈子平均生育的子女数量为 1.39 个。这么算来，月经次数与从前相比有什么变化呢？
我来回答！
变多了！
今年日本女性平均初婚年龄为 28.8 岁（根据平成二十二年厚生劳动省的调查），进入平成年到现在，结婚年龄整整推迟了 3 年。
铛！

*月经期间出现不排卵的症状，原因主要为压力过大、过度减肥等。

有些人到了排卵期，阴道会有少量出血。你最好把出血的日子记在本子上。
我推测可能是排卵期出血(P73)。
通过基础体温，我们可以获取到许多信息。
从低温期上升到高温期，即发生了排卵，如果这段时间有出血的现象，有很大概率是排卵期出血。
那么这是不是可以理解为，如果我们知道具体的排卵日，就能防止意外怀孕，做到有效避孕呢？
呃，答案是否定的！
机体的排卵时间并不能完全靠体温来确定。
尤其在尚处于青春期的年龄，体温相对还不太稳定，所以更不可把它视为排卵的依据。虽然测量体温的方法不能用来避孕，但因此掌握自己身体的状况，也是一件好事。

原来如此！我也去测量一下自己的基础体温！
测量需要每天早晨在相同的时间进行，这样还能间接使自己的生活作息更有规律，真是一举两得！
啊哈哈……我总是喜欢赖床，一定会注意时间的。
时间稍微有些偏差并不要紧，关键是千万不要起床之后再测量。
如果已经活动了，那么那天不量也没事。
佐纪同学
我能不能也请教你一下？
我的情况是……来月经时虽然没什么问题，但来月经之前总会情绪焦躁，爱和哥哥、弟弟生气吵架。
以前从没来不会这样……
现在稍微有点事就容易伤感，哭得稀里哗啦……而且还疯狂地想吃甜食，严重的时候头会痛，需要吃止痛药。我这是什么情况呢？
有种症状叫经前期综合征（PMS），佐纪看来属于这种情况。
怕怕
这是个可怕的毛病吗？
才不是呢！

原来小舞也一样！要怎么做才能改善？
知心朋友！
其实我也有——一模一样！大家都曾讨厌过自己啊！（笑）
大多数女性都可能会经历或多或少的身体不适。
虽然她们本人清楚这个状况，却无法控制自己的行为，这是月经周期分泌的雌激素造成的影响。
首先，可以给自己减压，放松自我，因为最重要的就是照顾自己的身体。
另外，你还可以采用香薰的方法，让自己的内心得到平静。
或者做做伸展运动，舒适、惬意地度过时光。
噢
我要试试！谢谢小爱姐！
感觉突然舒服了很多——
假如还想知道更多，记得随时找我！我会备好课！
哟！到底是立志将来去国外做援助的人，说出来的话就是不一样，而且还是位健康丽人！
即使拍我马屁，零食也不会给你多吃哦！
被看穿了
啊哈哈哈哈

原来是这么回事！ 青春期月经问题一览

“这个月来的量很多！”“肚子好痛！”“心情好像有点烦躁……”来月经时，很多女生会遇到这样或那样的不舒服。下面我们会对月经有关的各种问题，做一个详细的说明。

月经周期的问题

一般来说，月经周期为 25 ~ 38 天，但对于生理功能尚未完善的青春期，月经周期的相关问题往往比较多见。

频繁月经 月经周期在 24 天以内

指月经周期相比一般的要短。青春期时激素分泌尚不稳定，容易造成无排卵性出血，从而导致月经频繁。另外，常伴有出血增多，容易引起贫血。

月经稀发 月经周期为 39 天以上，但不超过 3 个月

指月经周期相比一般的要长。原因可能为无排卵性月经、卵泡（位于卵巢内部）发育时间过长，或过度节食、肥胖等导致。

基础体温的比较

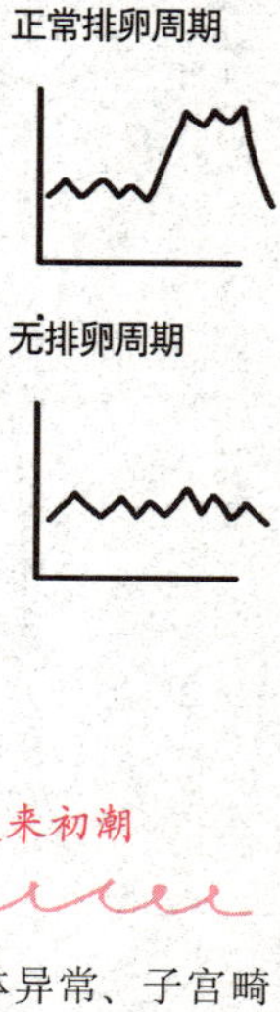

继发性闭经

原来规律的月经出现异常，停止 3 个月以上

体重变化、精神压力、剧烈运动等都可能造成闭经。大脑分泌的激素失衡容易诱发该症状。

原发性闭经

年龄超过 18 岁后还没来初潮

原因可能为染色体异常、子宫畸形、卵巢功能不全、阴道先天性闭锁等。

经血的问题

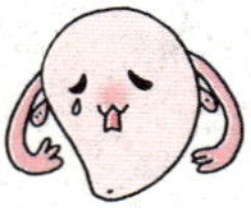

来月经时，从体内排出的血叫“经血”，经血中不仅包括血液，还含有脱落的子宫内膜等。仔细观察自己经血的状态，对于女性而言也很重要。

月经量过多 经血量在 140 毫升以上，出血量过多

经血的量大，1 小时就要更换一次卫生巾。出现血块增多的现象，可能导致贫血。

【日本产科妇科学会定义月经过多为月经量超过 140 毫升。而日本以外的国家多定义为超过 80 毫升即为过多。出现这个差别是因为具体的月经量很难通过客观测定得出，多为患者自己的主观判断。——译者注】

一般的经血量和月经天数

经血量

月经量普遍在 20 毫升～140 毫升的范围内（量多的日子大概是 2 大茶匙。血液占比为 50% 左右。）

持续天数

3～7 天

一般来说，月经的第二天量最大。

月经量过少 经血量少于 20 毫升，经期缩短，不足 2 天

经血量明显减少，甚至不需要用卫生巾。对于生理周期尚未发育完全的青春期而言，这种现象比较常见。你可以先观察一下自己身体状态的变化。建议记录自己月经来潮的日期、持续天数等信息，以此掌握自己的身体情况。假如超过 3 个月都没来月经，请及时咨询专业医生。

必要时，可以请教保健老师或家长。

伴随月经出现的身体和心理上的问题

除了月经周期、经血问题以外，女性还会遇到各种各样其他的问题。

痛经（又称经痛） 月经期间出现不适症状

月经期间出现腹痛、腰痛、疲倦无力、头痛等不适症状。其中部分症状如果过于严重，必须接受治疗。痛经在每个人身上会表现出差异，有些人的痛经程度严重到必须卧床。保持身体的温暖可以缓解痛经。另外，失眠、腹泻、肩膀疼痛、恶心、浮肿、情绪不稳定等症状也属于此类问题。

功能性痛经 子宫发育过程中出现的痛经

青春期，子宫整体处于尚未发育成熟的阶段，在雌激素的影响下，身体会感受到不同程度的疼痛。除此之外，此时的子宫颈管较为狭窄，月经来潮引起子宫收缩，也可能感受到强烈的疼痛。随着年龄的增长，这种痛经最终会消除。

器质性痛经 子宫发生病变而产生的痛经

引起器质性痛经发生的妇科疾患有子宫肌瘤、子宫内膜异位症等，此类痛经在青春期不太常见。

经期综合征（PEMS） 在行经前、经期中都会出现情绪不稳定

该症状表现为在行经前、经期中都会出现情绪不稳定，月经期间身体疼痛等不适症状，会加重患者抑郁程度，甚至出现强烈的独处心态。一般认为，PEMS 的消除，能使痛经得到改善。

经前期综合征（PMS） 行经前 3 ～ 10 天开始出现不适症状，月经来潮后症状消失

来月经前到月经来潮期间，出现不适症状，包括腹痛、头痛、肩膀疼、腰痛、浮肿、食欲增加、便秘、腹泻、犯困、失眠、手脚冰凉、易怒、抑郁、全身无力、变得感伤、容易疲倦等。

排卵期出血 两次月经中期有少量出血

该症状存在个体差异，但普遍发生在两次月经的中间，少量出血，持续 2 ～ 3 天，有些人同时会感到排卵痛。可以测量一下自己的基础体温，假如是在低温期向高温期转变时有少量出血现象，那么可以判断为排卵期出血。如该症状持续数月，建议记录自己的基础体温后去妇科门诊就诊。

专栏　白带随着经期发生的变化

白带是从子宫和阴道排出的分泌物。或许有些人觉得白带把内裤弄得脏脏的，很讨厌、很麻烦，但其实白带守卫着我们的阴道免受杂菌的感染，是非常伟大的哦！

平常，白带呈白色或淡黄色（奶油色），在卵巢即将排卵时，白带会变得透明，微黏，呈拉丝状（有点像流鼻涕的感觉）。

白带会随着月经周期而变化，你可以通过观察白带情况，了解自己身体的变化。

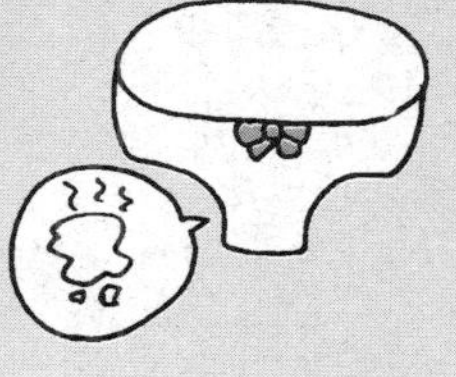

如果月经让你感到难受……

月经期间出现不适症状，自然会让人不好受。这个时候，找个人诉说心声，说不定能放松心情，月经期也不再显得痛苦难熬。你可以尝试鼓起勇气问问妈妈："妈妈，你以前来月经时有什么感觉？现在又是什么样的感觉？"毕竟，你身上一半的遗传因子是妈妈给你的，你们多少有相似的地方。

有些女生不敢跟家长开口，这个时候不妨试试和保健老师，或者自己信任的好朋友聊聊月经的话题。会珍惜自己的身体，也就能爱护好自己的心灵了。

此外，最重要的一件事就是，聆听自己内心的声音，无论是艰辛还是痛苦，都请照顾好你自己的身体。

要是每次来月经，身体都会出现疼痛或其他症状，且严重到需要卧床，那么务必告知父母，请父母陪同前往青春期门诊或妇科门诊咨询。

最后，记录下自己每次来月经时的情况，以及基础体温，它们同样能让你掌握自己身体的状况，也是一种很重要的自我治疗方式。

以正面的视角看待月经，“和子宫（小宫）聊聊天”

用正面积极的视角看待月经，痛经也会得到不同程度的缓解。大家不妨试试，晚上睡觉前，和自己肚子里的小宫说说话！

1

钻进被窝，双手摸着肚脐以下部分，想象自己的手掌，正感受着肚子里那个粉色、蛋形、温和而柔软的小宫。

2

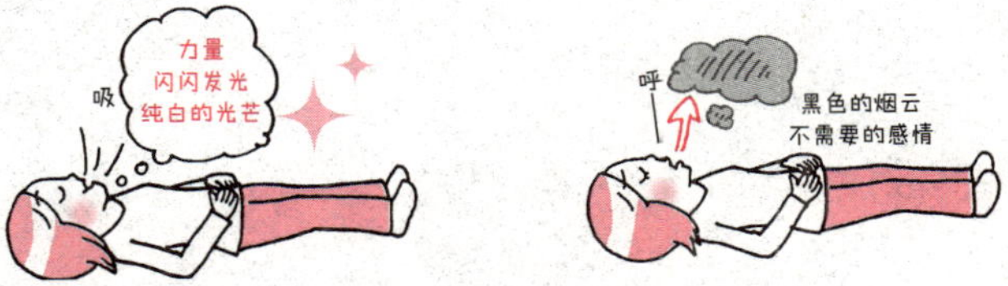

缓慢地吸气，同时想象有一股温暖、明朗的力量正注入自己的肚子里。吐气时，感觉自己不需要的感情统统被排到了体外。用颜色来比喻的话，就好比吸入的气体闪烁着纯白的光芒，而呼出的气体如同黑色的烟云。

3

持续上述的呼吸练习，直到吐气时，想象中的黑色烟云不再继续出现。这样过不了多久，你的身体会逐渐暖和起来。要是期间一不小心睡着了，也没有关系哦。这说明你已经做到充分的放松了！

4

一边感觉肚子里小宫的温度，一边告诉它：“一直以来谢谢你的陪伴！从今以后，我们也要一起，长成大人的模样！”放松身上的每一块肌肉，舒缓地进入梦乡，做一个好梦。

其他容易在青春期遇到的问题

除去月经周期、经血问题以外，女生们还会遇到各种各样其他的问题。

贫血（缺铁性贫血）

青春期贫血是十分常见的。由于生长发育迅速，机体的血液量必然也需要补充，然而月经却会造成一部分血液流失，导致血液中红细胞减少，引起贫血。很多时候，贫血并不会表现出任何症状，不过有时也会出现容易疲劳、眩晕、心悸、呼吸急促等现象。

平时注意摄入富含铁质的食物，避免咖啡因的过量摄取，维持膳食的营养均衡。

直立调节障碍

直立后自觉头晕的现象，在青春期的孩子身上普遍存在。有些人忽地站起身，会晃晃悠悠站不稳，有些则是在晨会上站着站着突然昏倒……多数专家认为，其原因是孩子正处于生长阶段，此时自主神经尚未发育完善。这个问题随着生长发育会得到改善，但最关键的还是要保证生活作息有规律，以及均衡的膳食和充足的睡眠。

过度呼吸症候群（也叫换气过度综合征）

由于强烈的精神压力、身体状况欠佳或月经带来的疼痛，机体不由自主地过度呼吸，导致胸闷、吸气困难、恶心、手脚麻木、四肢冰凉、痉挛等症状。

过度呼吸症候群发病时，如果能通过减慢呼吸频率，尽量减少吸气，来控制病情是最好不过的了，但急性发作时，多数情况下患者很难做到这一点。

此时，可以采用类似下图的纸袋遮住口鼻，反复将自己呼出的空气再度吸回（重复呼吸疗法）。这个方法能使血液中的二氧化碳恢复正常浓度，症状也能因此得以减轻。

女生们的提问

为什么会这样呢？

Q. 来月经前感到焦躁不安，所以非常自责。

A. 即使是成年人，也会出现相似的情况，你不必过于担心。这个现象是激素造成的，你并没做错事，所以也没必要自责。

顺便一提，女性一生分泌的雌激素总量大约为 1 茶匙。看起来量非常少，但它却会给身体和心理带来巨大影响。要是发现自己又快要情绪焦躁了，就想办法做一些能释放压力的事情，长此以往症状会有所改善。

Q. 一来月经就总想吃东西。这是怎么回事？

A. 这是激素水平改变导致的过度饮食。假如控制不了自己的食欲，不要去买巧克力或零食，建议吃一些天然食品或坚果等不会给身体带来太多负担的食物（P22）。

边看电视边吃东西，可不是什么好习惯。这么做会在不知不觉中吃下更多食物，这也是造成肥胖的原因之一。

推荐大家吃东西时“细嚼慢咽”。细嚼慢咽，会让你不由自主地减少食物的摄入量。记得以后吃饭时，一边品尝食物的美味，一边细细咀嚼哦！

Q. 为什么每到来月经前，脸上的痘痘就噌噌噌往外冒？

A. 生理期前，体内的激素水平发生变化，容易长青春痘。

促使女孩出现月经现象的激素分为 2 种，一种能美化肌肤，另一种会使皮肤容易长痘。来月经前，使皮肤容易长痘的雌激素会增加，因此你脸上开始有痘痘往外冒了。

除此之外，女孩到了青春期，体内的雄激素（女性也会分泌极少量的雄激素）也会有少许增加，导致皮脂分泌活跃，同样会增加青春痘的形成概率。另外，疲劳、压力积累，会刺激雄激素的分泌，这也是造成青春痘增多的原因之一，需要注意！

祛痘的化妆品在市面上都能买到，但最重要的还是改善自己的饮食和生活作息，比如多吃蔬菜和优质蛋白质，养成早睡早起的好习惯等。生活变健康了，身体自然会焕发活力！

Q. 我已经读初二了，但还没来“大姨妈”。周围的女生都来了，我好着急啊！

A. 到了初中二年级，大多数女孩都开始来月经了。相信有些还没来的女生，内心开始焦虑不安，担心自己是不是身体有毛病。其实，身材娇小、比较瘦弱的女生，月经来潮会稍晚一些。

假如上了高中还没来月经，建议咨询一下妇科医生。女生要从身体和心灵上照顾好自己，不必和周围人做过多的比较。

如果有心事，可以和妈妈或保健老师讲。相比一个人怀揣着不安的心情，不如找别人聊聊，内心也能得到放松。

Q. 我讨厌月经，身为女人让我感到很厌恶。

A. 偶尔会有女生觉得每个月来一次月经，既麻烦又不舒服，甚至会想：“要是自己是个男的就好了！”这个时候，不妨思考一下：“为什么月经那么必要？”“自己做什么事，心情会好转一些？”这样思索过后，说不定想法会有所改变。

其实，每个人的情况都各有不同，但无论是谁，不认同自己的“性”，相当于否定并伤害“自己”。男生同样需要学习如何面对“性欲”，也是相当不容易的！

不管是女生还是男生，都有各自必须应对的课题，但如果大家都包容各自的“不同”，说出自己的心声，也许青春期就不会再有那么多烦恼了！

第3章

出于好奇心的性体验是非常危险的

迈入青春期的女生，身体和心理逐渐向成年女性靠近，开始向往与异性交往，并对性行为产生好奇。这些都很正常。但为了将来不后悔，女生们一定要提前掌握正确的知识！

十几岁的青少年，也有多发的性传染病？

事情是这样的，我朋友发消息说她衣原体感染了，什么是衣原体感染呢？
嘎吱……
可以呀！我正好也想休息休息。
你还是初中生，不准听！这是大人之间的谈话。
发生什么了？我也要听！
咯噔咯噔——
什么？这可不得了！要是不好好治疗，以后可能没法怀上宝宝！
谢谢！小爱姐说的话就是不一样。
好了，好了，别吵了！提前掌握知识有好处。未唯也来一起听！

先考考你们，你们知道什么是性传染病吗？这是一种通过性接触传染的疾病。
而衣原体感染属于性传染疾病中的一种，是十几岁女生最常患的性传染病。
有多少人患有衣原体感染呢？
这个嘛……我刚巧正在学习这一块，这里应该有相关资料……
沙沙……
竟然有小爱姐也回答不上来的问题，真少见。
呼呼
砰——
哎呀！这不是那个时候见到的怪物嘛！

（人）
6000
5000
4000
3000
2000
1000
0
0－4岁
15－19
30－34
45－49
60岁以上
男性
女性
（*信息来源于日本厚生劳动省的调查。）
你们来看看这个。这里举出的是平成二十年（2008年）衣原体感染的患者人数。
女性相对男性更易感染，该传染病多发于15～20岁。
不过还需要补充一点，这张图表只显示了到医院就诊的人数，大多数患者不会出现明显症状，所以真正感染的人数应该更多！
你们俩怎么会认识小宫？
咦？小爱姐，我们还想问你呢，你为什么也认识小宫呢？

* 粘连：体内原本分开的黏膜或浆膜部分，由于发炎而粘在一起。

将来生不了宝宝，这可太糟糕了。
准妈妈是衣原体患者及携带者时，会有早产风险。分娩过程中，新生儿也可能因此感染上衣原体，并引起新生儿肺炎和结膜炎。
假如怀疑自己感染了，应立即前往妇科就诊！
的确很麻烦。除了衣原体感染，性传染病还包括滴虫性阴道炎、淋病、生殖器疱疹、尖锐湿疣、梅毒等。
这些名字听起来都好吓人！
关于性传染病的详细说明，请看这里。
此外，最恐怖的要数宫颈癌、艾滋病、乙型肝炎等。
这些疾病严重时可能致命。
哗啦

通过性行为传播的疾病

	衣原体感染	淋病	滴虫性阴道炎
何种疾病	是由一种名为沙眼衣原体的微生物感染所引起的疾病。	是由淋球菌感染所引起的疾病。	是由名为阴道毛滴虫的寄生虫，进入生殖器所引起的疾病。
症状	大多数情形下，感染后不会表现出任何症状，出现症状的概率约为5人中出现1例。表现为阴道分泌物增多、伴有出血，或下腹部疼痛等。长期慢性感染，可导致不孕不育（男性通常也无症状）。	出现脓性白带，也有较多无明显症状（男性感染后，尿道会排出黏液性分泌物，可出现淋病性尿道炎）。	外阴瘙痒，白带呈黄色、泡沫状。可引起膀胱炎，排尿时伴有尿痛症状（男性患者多无症状）。
检查	白带检查、血液检查。	白带检查。	白带检查。
治疗	口服抗生素1～2周。	口服抗生素1周。	阴道纳药，向阴道内塞入药物治疗。 有时需要同时进行口服药物治疗。
预防	使用安全套。	使用安全套。	使用安全套。
性伴侣的检查与治疗	即使未出现任何症状，也需要检查。出现症状应尽早治疗。 泌尿科就诊。	即使未出现任何症状，也需要检查。出现症状应尽早治疗。 泌尿科就诊。	即使未出现任何症状，也需要检查。出现症状应尽早治疗。 泌尿科就诊。

续表

，生殖器疱疹	梅毒	阴虱病	念珠菌性阴道炎
是由单纯疱疹病毒感染所引起的疾病。	是由梅毒螺旋体感染所引起的疾病。	是由一种吸血性昆虫“阴虱”感染所引起的寄生虫病。	是由假丝酵母菌属真菌（一种微生物）感染所引起的疾病。念珠菌可以通过性行为传播，但由于它属于人体的正常菌群，与我们是共生关系，当机体出现免疫力低下等状况，原来的平衡被打破时，也会感染致病。
阴部形成许多溃疡（皮肤组织缺损）或水疱、自觉疼痛。 80% 的患者不会出现任何症状，但抵抗力降低时，会导致发病。	感染大约 3 周后，皮肤上出现约 1 厘米左右的小疙瘩（也叫硬下疳），高出皮面。3 个月后，全身出现皮疹，大约 3 年后，皮肤上长出类似肿瘤的结节。患病 10 年以上者，病情可殃及内脏。	阴部瘙痒。阴虱吸血处的皮肤会变红，头部、腋毛也会受到感染。	剧烈瘙痒，白带呈白色凝乳状或酸奶样（有时也会表现为黄色）。
视诊（用肉眼观察身体进行诊断）或检查疱疹部位。 患病数月者可做血液检查。	血液检查等。	使用放大镜等仪器视诊（用肉眼观察身体进行诊断）。	白带检查。
口服抗病毒药物或使用膏药。	注射或口服抗生素。	使用可以驱除阴虱的粉末状药物或洗剂。	阴道纳药，将阴道栓塞入阴道治疗 1 ~ 10 天。涂抹抗真菌软膏。
使用安全套。	使用安全套。避免接触患者体液或血液。	即便使用安全套依然会被感染，如出现症状需避免性行为。	出现症状或在治疗期间禁止性行为。穿透气性好的内裤，同时还需增强自身体质。
即使未出现任何症状，也需要检查。出现症状应尽早治疗。 泌尿科就诊。	即使未出现任何症状，也需要检查。出现症状应尽早治疗。 泌尿科就诊。	即使未出现任何症状，也需要检查。出现症状应尽早治疗。 泌尿科就诊。	即使未出现任何症状，也需要检查。出现症状应尽早治疗。 泌尿科就诊。

★宫颈癌

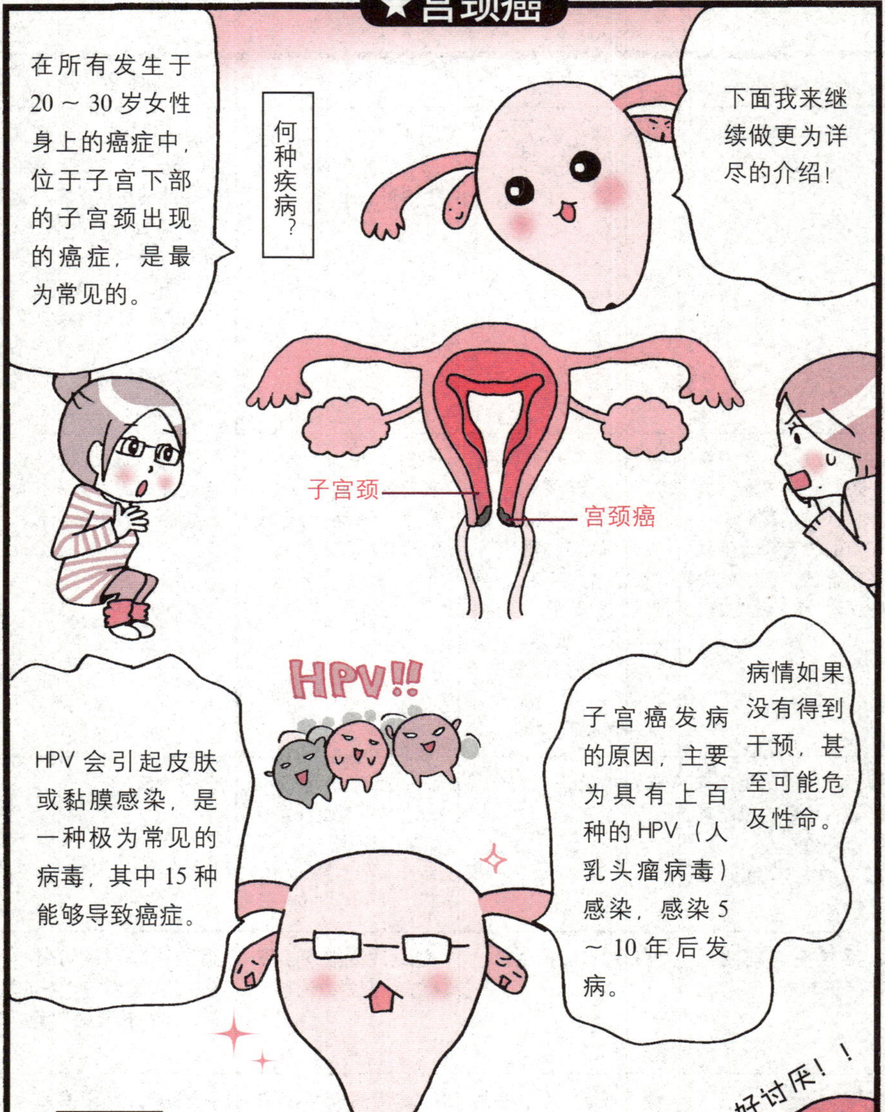

症状

- 很多时候没有任何病毒引起的症状。
- 假如任由病毒扩散，会出现非月经期间出血（异常出血），性行为时接触性出血。

传播途径

- 主要通过性传播感染。
- 只要有过一次性生活经历，就有可能被感染。
- 即使感染，也有 80% 以上的人不会表现出任何症状，并能通过自身免疫力清除病毒。

预防措施

●拒绝性接触
- 没有性接触，就没有患宫颈癌的风险。
- 最关键的预防措施，是尽量不要过早经历性生活。

●安全套
- 使用安全套，可以有效避免接触到男性阴茎上的病毒。
- 正确使用安全套，能降低感染概率（但不能做到 100% 的预防）。

● HPV 疫苗
- 目前可以通过疫苗预防的，是可致宫颈癌的 15 种 HPV 中的 2 种。
- 并不是说，接种了疫苗就不会得宫颈癌，学习了预防措施后，应该更加引起重视。长大成年之后接受定期检查，保护好自己的身体。
- 询问家长，告诉他们自己的想法，一起考虑是否需要接种。

●宫颈癌筛查
- 一般来说，20 岁后就可进行筛查（如果已经出现症状，10 岁以后也能进行）。
- 筛查每 1 ～ 2 年进行一次。
- 把它当作健康体检，不要有任何心理负担。

★艾滋病

何种疾病?

- 由HIV（人体免疫缺陷病毒）感染引起。
- 感染后会造成人体免疫系统缺陷（对普通人一般不会感染的、致病力较弱的病原体没有抵抗力，且易遭感染），还易并发肺炎、肺结核等多种感染病，如果不进行适当的治疗，它们可能成为促使病人死亡的原因之一。

症状

- 感染2～6周后出现发热、出疹子、淋巴结肿大等症状。这些症状一般持续一段时间后自然消失，之后患者就成为HIV携带者（HIV感染者）。
- HIV携带者身上不会出现任何症状。5～10年潜伏期过后，出现艾滋病症状。
- 一部分人可能短时间内就进展为艾滋病，称为“快速进展者”。
- HIV携带者在艾滋病潜伏期，可以服用抗艾滋病药物抑制发病，但需要终身服用。

传播途径

- HIV存在于血液、精液、体液、母乳中。
- 性行为、输血、注射器未经消毒再利用、母婴传播等。

预防措施

●拒绝性接触

- 由于通过性行为感染的病例正在不断增加，不发生性行为是一个可以考虑的选项。

●安全套

- 正确使用安全套，能降低感染概率。

● HIV检测

- 卫生站、HIV疾控中心均提供免费检测（个人隐私信息会受到法律保护）。
- 医院内也提供相关检测（但需缴纳门诊费、检测费用）。

★关于乙型肝炎

何种疾病?

是由 HBV（乙型肝炎病毒）所感染，引起肝功能障碍的疾病。

症状

- 初次感染者中，有 70% ～ 80% 的人不会发病，能自我治愈。
- 20% ～ 30% 的人会出现食欲不振等消化道症状，疲劳感，或表现为急性黄疸型肝炎、重型肝炎（适当的治疗可以得到康复，但偶尔也会危及生命）。
- 携带者（感染者）发展为慢性肝炎，如果肝脏状况逐渐恶化，会出现肝硬化，最终转化为肝癌的情况。

  （日本有 120 ～ 150 万人患有此病，相当于 100 个人当中就有 1 名乙肝患者。）

传播途径

- 通过血液或体液传播。目前最为常见的传播途径是性行为传播。
- 母婴传播（分娩时母亲传给孩子）。

预防措施

●拒绝性接触

- 由于通过性行为感染的病例正在不断增加，不发生性行为是一个可以考虑的选项。

●安全套

- 正确使用安全套，能降低感染概率。

● HBV 检测

- 卫生站提供免费检测（个人隐私信息受到法律保护）。
- 医院内也提供相关检测（但需缴纳门诊费、检测费用）。

●乙型肝炎疫苗

- 接种疫苗后，机体会产生乙型肝炎病毒的抗体，不易遭到感染。

  （但并不能 100% 防止感染。）

突然觉得好害怕！做爱这件事，绝不可以因为好奇而尝试。
这是当然！觉得自己爱男朋友，就完全信任他。万一从他身上感染了性病该怎么办？他会帮你治病吗？
啊——
可怕！这样可不行，万万不行！
不过话说回来，做爱时戴上安全套，不就不会感染了吗？
小舞，这也不是绝对的！即使戴了安全套，也可能被传染。
比如，就算男性在射精前戴上安全套，如果 Cowper 腺液（是一种在射精前分泌的液体，也叫尿道球腺液）中含有菌类，只要有过皮肤接触，无论是否戴了安全套，都存在传染的可能。
而且，即使戴了安全套，也无法保证能够100%避孕（参照P139）。

没错！到底是我们的小爱！
所以要跟自己的男朋友沟通好，让他也能够正确地使用安全套。
那是因为，使用安全套的方法不当，会有感染、怀孕的风险。
这么做也是保护自己的一种方式！使用安全套是最基本的措施，不仅为了预防感染，也是为了避免意外怀孕。
突然消失
今天就到这里吧，我先告辞了。
嘻嘻嘻嘻……虽然是在三姐妹的梦里讲课，但真的好开心！以后她们会不会对我更好一点呢？

妇科医院是个什么样的地方？

*内容包括目前的身体状况、曾经的病史、月经周期等诊断时的必要信息，需要就诊者本人填写。想咨询的问题也可以先记录下来。

怎么样？
嘎吱
我进去啦！
忐忑不安
山本小姐，请进吧！
村野爱小姐！
轮到我了！
关于月经不调的问题，医生让我做了血液检查*。虽然我很紧张，但医生耐心地为我答疑解惑，过程比想象中顺利！
*检测雌激素的数值，也会针对其他体质问题做检查。
做子宫癌筛查的时候，真的吓死我了……
你好！今天你是来做子宫癌筛查的对吧？除此之外，还有什么困惑的地方吗？
我希望医生能给我开一个口服避孕药（P142）的处方。
好的。那么我们先来做一下癌症筛查吧！

帘子 *
* 帘子可使用，也可不用。
啊——
感觉心跳
得厉害。
请脱下内
裤，坐到
妇科检查
床上。
现在开始
做妇科检
查了，很
快就会结
束的。
好了，放
松一点。
啊！
大腿分开了。
检查床要
抬升了。
嗡……
然后，医
生给我开
了口服避
孕药的处
方……
咦？
就好了？
这么说着，
就结束了。
整个过程没有
想象中的疼
痛，眨眼间就
完成了……

检查花的时间比想象中短很多！
不过坐到妇科检查床上时，真的有点心惊肉跳啊！
的确如此！还好医生看起来很和善，安心了不少。
○○妇科医院
今天去的妇科医院真不赖。
听取大家的建议，再到医院就诊，感觉收获不少。
说得对！要是能有那种随时可以咨询的妇科家庭医生就好了。
有了家庭医生，也许就不会忽视疾病的检查了。
在大家的普遍认知里，像我们这样二十来岁的健康人，跟疾病检查不沾边，所以很多人可能认为没必要检查吧。
就是——
有些年轻女性宫颈癌发病了也没留意，直到怀孕了做检查时才发现，这样的案例现在好像越来越多了。

你说的有道理……所以年轻的时候，更应该掌握正确的知识，并及时做疾病检查！
嗯！！
癌症早期还可能治愈，但如果不进行治疗，病情加重后，不仅无法怀孕，子宫也要全部切除……
失去孩子，并且从此再无生育能力……这样真的太惨了。
要成长为优秀的成年女性，这是必须做到的第一步！我要快点告诉小舞和未唯！
对了，不知道妈妈有没有做过子宫癌筛查？她一直忙里忙外，说不定忘记了检查……
没错！妈妈要是有什么毛病可就麻烦了！我也回家确认一下！
话说，今天学习了好多知识，明天把在妇科医院的所见所闻告诉学校里的朋友们吧！
好的！要告诉她们！

妇科医院是个什么样的地方？令人心惊肉跳的探险之旅！

妇科医院是以诊疗子宫、卵巢等女性生殖系统疾病为主的医院。月经来潮后，就可以先调查好附近有哪些能够提供问诊的妇科医院，这样会安心不少！

候诊室

如今，有越来越多的候诊室会摆放绿色植物，播放舒缓的音乐，或使用环境香氛，令候诊者的情绪得到放松。

需要准备的东西

- 医保卡。
- 钱。
- 记录下来的基础体温表（如果是咨询月经问题，提供基础体温表能方便医生给予诊断或建议）。
- 1片卫生巾（检查时，可能由于受到刺激而出血）。
- 喜欢的音乐或书籍（为了能以轻松的心情度过等候时间）。

你好奇的诊室长这个样子！

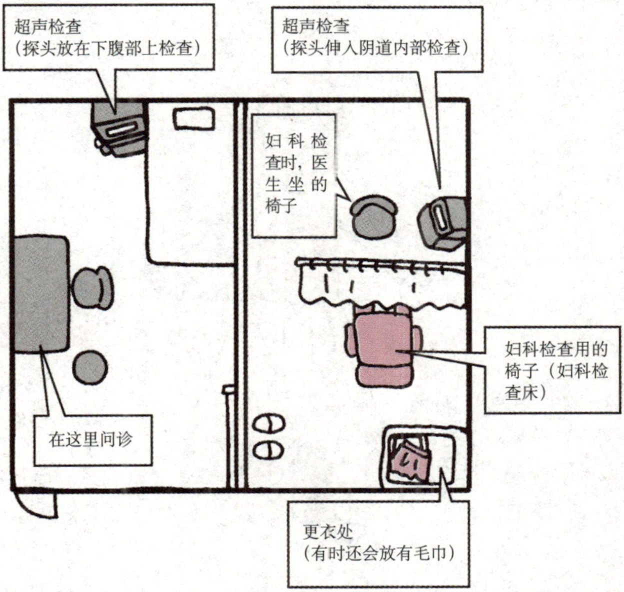

妇科检查一般做些什么呢？

医生会让你脱去下半身的衣服，坐到妇科检查床上，然后检查你的生殖器官。检查床的前方挂有帘子，检查时如果需要与医生沟通，也可以不用帘子，根据个人情况调节使用。

生殖器官的检查，包括视诊（用视觉观察诊断）、触诊（用手按压诊断），有时还会用阴超探头（大约手指粗细）或名为宫腔镜的小型器具，伸入阴道内部检查。

还没有过性经验的人，可以做下腹部的超声检查，或从肛门伸入的超声检查。

视病情严重程度，尽量避免在月经期检查。

妇科检查时的穿着

上身的衣服可以任意搭配，但最好穿得宽松一些，利于心情的放松。

建议穿一条长度过膝的喇叭裙。要是穿裤子的话，检查时也可以用浴巾遮住下半身。

选择穿脱方便的衣物

连体衣、长筒靴、紧身衣裤、连裤袜等衣物，穿脱起来比较费时间，可以改穿长筒袜保暖。

预先储备一些关于“乳腺癌”的知识！
当到了中年，尤其需要重视！

乳腺癌指发生在乳腺上的癌症。40 ～ 50岁女性的发病率最高。该病在绝经前最易发生，所以到了中年，尤其需要重视。

早期发现最重要！

乳腺癌若能在早期发现，5 年存活率（确诊 5 年后生存的患者比率）达 95%，且病情稳定，转移的可能性很低。肿块比较小时，可以做保留乳房手术进行治疗，不必全乳房切除。

为了防患于未然，25 岁之后不妨接受一次乳腺癌专家（乳腺外科）的诊察，进行乳房 X 线检查或乳房超声检查。

不是人到中年才需要重视乳房健康，年轻时也不可放松警惕。

简单易学的乳腺癌自查法！

认识自己的身体，什么时候都不嫌早。从现在开始，就养成自我检查的好习惯。建议在月经结束后2 ~ 3天做乳腺的自我检查，因为此时乳房比较柔软，如果有结节，比较容易发现。叫自己的妈妈一起来试试！

洗澡前在镜子前检查

□左右两边的乳房，大小和形状是否有异样。

□乳房上是否有肿块、凹陷或皮肤皱缩（橘皮样改变）。

□乳头的皮肤是否有异常（溃烂等）。

□轻捏乳头是否有分泌物。

这样的肿块需要引起重视！

肿块分为良性肿瘤（不会威胁到生命健康）和恶性肿瘤（癌症，发现后如果不及时治疗，可能存在生命危险）两种。5毫米～1厘米大的肿块，仔细一点就能够摸到。发现肿块后，要尽早前往医院（乳腺外科、外科）就诊，绝不要自行判断。

	良性肿瘤 *	恶性肿瘤
易发年龄	15 ～ 40 岁	40 ～ 60 岁为发病高峰
肿块的硬度	如橡皮一样的硬度	有弹力，类似石头的硬度
肿块的触感	边界清楚，用手触摸，推之可移动（因为并没有发生粘连）	边界不明晰，摸上去呈锯齿状，用手指按压，也不移动（因为发生了粘连）
大致样貌	 可移动	 呈锯齿状，不可移动

* 乳腺的良性肿瘤中，最常见的一种叫“纤维腺瘤”。

大多数情况下，纤维腺瘤的大小随月经周期变化。直径小于2厘米的纤维腺瘤，有时也会自然缩小。

洗澡时检查

手上抹一些肥皂或乳液，用大拇指外的 4 根手指的指腹画圈，好像涂抹一样触摸。触摸的范围包括整个乳房、腋下、腋下到胸部下方、锁骨周围等，触摸应当仔细，不要有遗漏！

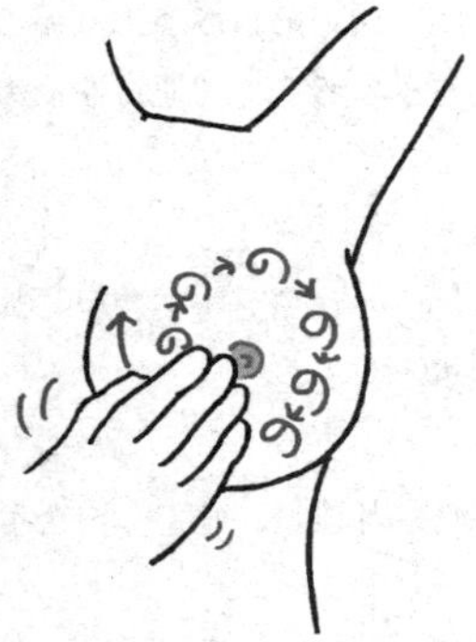

睡前检查

平卧在床上，将一侧上臂高举过头，用对侧手的指腹触摸，好像画“の”一样。腋下同样要仔细检查！

据说，有 20% 的乳腺癌患者都是在自查时发现问题的。20 岁以后，记得每个月做一次自我检查。

专栏　容易患乳腺癌的人群

一边乳房做过乳腺癌手术、未婚、高龄生育、月经初潮早、绝经迟、没有母乳喂养或母乳喂养时间短、长期服用激素类药物的人等。雌激素与乳腺癌有着密不可分的关系。

☆到了中年，一定要到乳腺外科等相关门诊接受检查。

女生们的提问

为什么会这样呢？

Q. 我的白带颜色和气味都有点反常，大概是得病了，怎么办？

A. 要是有过性生活，心里觉得不放心，建议到妇科检查一下。尤其是出现强烈瘙痒或疼痛症状时，要尽早就医。

即使没有过性接触，如果身体的抵抗力差，阴道的自净能力变弱，也可能感染念珠菌，引起阴道炎症。详细介绍可以参考 P88“通过性行为传播的疾病”的表格进行参考。

就医时，给医生看私密部位（胸部或性器官）难免会害羞，但与其为不适症状所困扰，不如果断检查，消除心中的疑虑。

假如实在无法鼓起勇气，就找妈妈或保健老师谈谈。她们一定会帮你找到解决的办法。

Q. 我交了一个男朋友，但一想到“爱爱”可能会染上性病，就害怕得不敢做了……

A. 你的担忧，我特别能够理解。首先，建议你掌握一些正确的知识。其次，你需要明白，交男朋友与做爱之间不能画等号。周围人有了男朋友好像都会做爱，所以自己也要这么做，这样能算是遵从自己的内心吗？请你好好想一想。

使用安全套，能极大地降低感染性传染病的概率。除此之外，也建议双方先检查身体，在确认彼此都没得任何性病后再做爱。不过，可能有人会担心，自己还是学生，怎么好意思做性病检查？这或许正好说明，目前你还不适合做爱。直截了当地把你的想法告诉男朋友，你觉得这个主意怎么样？

把自己心中的恐惧和不安都说出来，如果对方能跟你一起接受正确的知识，那么他也一定会理解你。

像你这样心中存有疑虑的人，不止你一个。不会有事的，放心吧！

Q. 怎样才能找到靠谱的妇科医院？

A. 现在妇科医院很多，让人不知如何选择。假如你家附近的医院有“青春期妇科门诊”，不妨过去看看。青春期医学的专业医生会给你提出合理的建议。另外，也可以问问你的妈妈，如果她有经常就诊的妇科医院，建议让她陪同前往。

想必你一定很想知道，给自己做检查的医生是什么样的，那么去医院前不妨查询官方网页了解一下。如果直接电话咨询，还能确认是否需要预约。

第 4 章

交了男朋友就会幸福吗

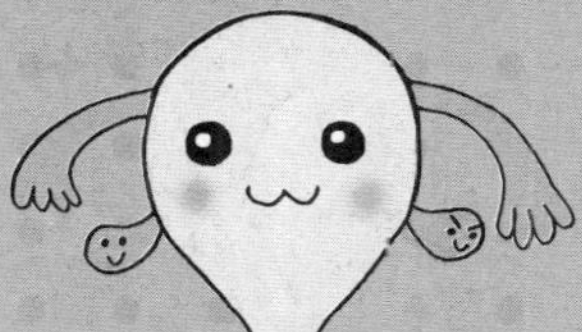

对你而言，男朋友意味着什么？

想要谈一场幸福的恋爱，女生需要注意些什么呢？

幸福恋爱的根本，是在交往过程中体会到发自内心的喜悦。在本章中，我们就此讨论一下吧。

你有没有在谈一场惺惺相惜的恋爱呢？

喳
喳
GAME CENTER
GO
!!
好好！
感觉今天真走运！那我们去游戏厅玩吧！
啧啧
没想到你比看起来要乖嘛！
可是，明天还要上学……
啊！还想跟你再多待一会儿！
啊,不得了！已经这么晚了！
啊！要赶紧了——
？？？说话好像有点冷淡的感觉。
你说什么？
没什么，那么回头见——

我回来啦
回来晚了点，妈妈好担心！出什么事了吗？不要紧吧？
没事，没事。只是因为和朋友聊天太投入，忘了看时间。
没事就好……妈妈太在意你了，所以非常担心！
唉
我去洗洗睡了。
妈妈，谢谢你一直默默关心我！
——数周后——
唉——
怎么啦？有什么烦恼吗？要是不方便和妈妈说，可以跟姐姐说。

嗯……我都不知道这算不算烦恼。
就是我那个男朋友，短信来得超多。
不过在一起的时候，倒没有这么黏人。
而且，要是见到我和别的男生说话，他就会很生气，是非常强势的那种。
虽然如此，可有时候他对我又特别温柔，我真搞不懂。
他人缘好，长得又帅，人人都夸我找的男朋友好，说我很幸福，可我却有种说不出的滋味……当初那种心跳加速的感觉似乎不见了……
大概是被束缚的原因？或许吧？交往才没多久就这样，接下来该怎么办？
嗯？什么意思？
以前上课时，妇科医生曾经这么跟我们说过。
原来是同理心的问题。
他说，恋爱双方的年龄不是问题，关键是彼此沟通的方式要平等。

大家都要想想，自己有没有站在对方的角度为对方考虑。另外，有没有听从自己的内心所想。
换句话说，就是要懂得换位思考。
人与人之间的纽带，是以“心心相印”为基础的。如果两个人的心灵是相通的，那么他们就能彼此相爱。
小舞，你能和男朋友平等沟通吗？
彼此心与心相连吗？
你有没有因为怕男朋友不喜欢自己，宁愿把自己的想法藏起来也不肯说？
开个玩笑啦！
是不是牵手之后心跳会加快，觉得好喜欢对方呢？会从心底感到开心吗？
你在说什么嘛！
啪！
嗯——
我们心与心相连吗？我们手与手是相连的……
只有手相连吗？

有问题随时跟我说哦！
跟姐姐说说话，觉得心情好多了，谢谢你！
看你的手机好像有点过分了，这毕竟属于个人隐私。
嗯……最近其实不怎么开心。我和别的男生说话，他就冲我发脾气，还老是翻看我的手机，我对他都有点反感了。
总觉得有点心情烦躁，不顺畅。
——过了几天——
啊——今天，刚好有事，不过时间短的话倒没问题。
小舞，你没事吧？最近短信回复得有点慢哦。我超级担心你啊。
下班后有话想跟你说，方便吗？
最近有点忙……

NICE COFFEE
学长，我有件心事一直想跟你说。
如果我给别人发短信，或者和男生说话，你就会生气，对吧？老实说，我觉得很痛苦。不明白你为什么要生气。
……大概因为我希望你只属于我一个人，所以不知不觉做出了这些事。对不起，让你觉得不舒服了。
我们正在说这么严肃的话题，你还在不停地玩手机。要是我们两个反过来，你肯定会说“你看都不看我”，或者“那人是谁？你在给谁发短信？”。我说得没错吧？
……或许是吧。我刚刚没注意到。
你明明以前那么温柔、亲切，怎么自从我们交往以后，整个人好像都变了。

……我觉得，恋爱中要有礼仪。
我对你做过什么坏事吗？我比你大，稍微强势一点，不是很正常吗？
小舞，你倒是有话直说啊！真没想到你是这样的人。听上去好像我是个大坏蛋一样。
然后……你翻看我手机这件事，对我真的是很大的打击。
不是年龄大小的问题……我认为彼此为对方着想，在一起时心里开心，才是最宝贵的。
不要哭，我最怕女生哭鼻子了。是我不好，但我真心喜欢你！
你觉得讨厌的地方，我保证会改！但你不要离开我！
我觉得你不信任我，好像在暗中观察我。一想到这些，我就头大，本来开开心心的约会也提不起劲，发短信也变成了受罪。

我明白，但我向来不喜欢拖泥带水，而且在这件事上，我想干脆一点。我已经在其他地方找到工作，希望从此彻底和你断开联系。
现在说这些已经太迟了……我对你好像没感觉了……
バ
但我不想和你分开……你不用现在就跟我分手，再考虑考虑吧！我对你可是一心一意的！
什么？你是认真的？你真的要和我分手吗？
我明明这么喜欢你！我会等你回心转意的，你随时可以发短信给我！
我不会再联系你了，学长也不要给我发短信了。再见！
今天的单我买了！

家中
以后再也不能因为对方看起来“颜值高、会关心人”，就和他谈恋爱了……
学长明明这么温柔、亲切，交往后却一直让人有种被监视的感觉。还无时无刻不给我发消息。但我也需要时间学习，需要和朋友、家人在一起呀……
咦？什么情况？难道是遇到了什么烦心事吗？
不过呀，你应该也听说过吧，人往往跟随内心行动，很少思考。当时你的内心一定觉得自己喜欢他，想和他交往。
……我在想，自己当初为什么会和那样的人谈恋爱。
嗯嗯，能理解啦。

恋爱中也需要礼仪，毕竟恋爱也是人际交往的一种，并不是说，彼此是恋人就可以为所欲为。
刚开始还蛮好……但逐渐的，我觉得自己好像受到全方位的监视……他的短信也是一刻不停，要是哪天我回复晚了，他还会过来催我。这样一来二去，觉得自己好累……
嗯。为了成为成熟女性，我又学习了。
从某种角度来看，分手是正确的选择。早点发现说不定更好。
这样的行为可称作精神暴力，最近还有个热词叫“情侣间家暴”，你的情况和这个比较接近。
所言极是！是为了遇见更好的！嗯！我要打起精神来！谢谢小爱姐！我去洗个痛快澡了！
是啊！以后你肯定不会再犯类似的错误，并且一定会找到意中人。所以这次的经历没什么大不了的！常言道，失恋是为了遇见更好的，不是吗？

我是新入职的村野舞，今后请大家多多关照！
过了几天——在新的上班地点
Donys
刚刚入职，还不太习惯……
嗖！
这个是放这里的，我帮你吧！
东张西望
这个该放哪儿呢？
好嘞！加油上班啦！
这次绝不能重蹈覆辙，一定要睁大眼睛！
突然有种心跳的感觉！难道一场新的感情将会到来？
扑通
扑通

交往的基本原则

随着大家渐渐长大，开始和异性交往的人也越来越多。很多人认为“交了男朋友就会幸福”，我们现在就一起思考一下，什么才是真正幸福的恋爱。

谈一场愉快恋爱的要点

懂得换位思考

你能感受到他设身处地为你考虑吗？你自己有没有体谅他呢？当自己无法判断时，把手放到胸前听听看。

平等沟通

你能和男朋友平等沟通吗？假如男朋友比你大，你会不会有所顾虑？有没有因为怕他不喜欢自己，而一味听从他的意见？如果你们彼此能通过沟通而产生爱，就最好不过了。

绝不出于好奇发生性行为

性行为是人与人之间最亲密的沟通形式。这个过程会有人体性感官的接触，同时也肩负着孕育生命的神圣使命。如果双方对性行为的理解有偏差，将无法得到心灵的愉悦。

专栏　拥有两个人自己的爱情模式！

不刻意追求性行为的爱情模式，就是“不发生性行为”。两个人在一起很开心，互相尊重、彼此认可、相互鼓励的关系，才是真正的爱。两个人能拥有属于自己的爱情模式，是一件非常美好的事。

什么是情侣间家暴?

所谓情侣间家暴（情侣间家暴：デート Domestic Violence，直译为约会家庭暴力。除了家庭成员间可能出现暴力，恋人、情侣之间也会发生类似的情形。——译者注），是指在交往中的男女之间发生的精神、肉体暴力。

情侣间家暴不仅包括身体上的伤害，如果你精神上受到折磨，一直处于神经紧绷的状态（要看对方的脸色行事），也表示你可能正遭受情侣间家暴的伤害。

出现上述情况时，要告诉父母或自己信任的长辈，不要一个人憋在心里不说。受害者最常说的话就是："说出来真好！"

家暴的类型

言语暴力

用伤害对方的言语攻击对方，如"胖子""傻子""连这都不会，你是个笨猪"等。

身体上的暴力

拍打，殴打，摔东西、强行抓住或拖拽对方，把对方关在家中，故意敲打物品等，造成对方身体上的痛苦。

心理上的暴力

故意忽略对方，脾气暴躁，采取盛气凌人的态度，只要对方没有按照自己的意愿行事，就以分手或同归于尽相要挟。除此之外还包括，以爱为名，将暴力正当化，比如，强迫对方穿自己喜欢的颜色的衣服（非要对方与自己保持一致）等。

社会暴力

讨厌对方和除了自己以外的其他人（无论是男性朋友还是女性朋友）交流，让对方不要和别人聊天，翻看对方的手机，查看短信或打电话的内容，让对方感到不舒服甚至痛苦等。有时还会以自己比家人重要为由，让对方疏离家人。

性暴力

采用强迫的手段，向对方实施性行为。恐吓对方做其本人不愿做的事，或不顾对方的拒绝，依然逼迫其看带有性色彩的内容，以及不配合避孕等。（自认为女生说"不要"，其实是在表达"要"。但拒绝就是拒绝！）

要警惕对方施暴后的温柔!

有些人施暴后，态度可能会突然发生 180 度大转弯 :“对不起! ”“我是爱你的! ”“我没你不行! ” 这样向你表示歉意，并送礼物给你。你被如此温柔对待后，或许心中会萌生出一丝念头 :“啊，他是这么意我，只有我可以拯救他。他实施暴力，大概是因为我的问题。” 然而，对感情的犹豫不决，只会让你越陷越深。

没有人会欣然接受暴力。如果你正为此苦恼，要和周围人诉说，紧急时可以向警察求助。

如果发现自己的朋友正遭遇情侣间暴力，记得向大人寻求帮助。想靠自己帮朋友解围，你自己也可能因此遭到伤害，所以一定要当心。

专栏　为什么有人会使用暴力?

实施暴力的人通常对自己不自信，并具有强烈控制对方的欲望。或许他想通过支配别人获得某种优越感，但这其实只是他不够强大、不够自信的一种表现。

真正爱你的男生是什么样子的?

能为对方着想的男友大多具备以下特征。在你选择男朋友时，可以做参考哦!

朋友很多，或有非常要好的朋友

这里说的朋友，不是指那些仅仅停留在手机通讯录里的朋友，而是能互相帮助的朋友。即使他的朋友不多，只要有一两个能在遇到困难时提供建议的知心好友，他就是一个值得信赖的人。

有一件热衷的事

无论这件事是学习，还是运动或其他兴趣，一个人专心投入的样子最帅气。

能看着人的眼睛说话

对自己有自信的人，能够注视着对方的眼睛说话。

能大方地与人打招呼

打招呼是相当重要的沟通方式。不仅对朋友，对老师、邻里也都能热情打招呼的人，会给周围人一种安心、放松的感觉。

懂得换位思考

会为家人着想，会帮助有困难的人，等等，这样懂得换位思考的人，一定是个温柔体贴的人。

看得到自己的优点

与从前的自己对比，能发现进步的地方，会说："我比半年前成长了！"这样的男孩子就很棒。

没有固定思维

认为"人各有各的不同，没有好坏之分"的人，思想是开明的。和能接纳不同价值观的人在一起，会让人觉得轻松。

与异性相处时，不要被固定思维限制了！

一提到“女人味”，你脑海中最先蹦出来的词是什么？

温柔、文雅、稳重、温暖、家庭的味道、家务、育儿、多愁善感、好说话、讨人喜欢、听从男性……每个人想象中的形象都不一样吧？

那么，“男人味”又让你联想到哪些词呢？

严肃、强大、保护意识、热爱工作、注重社交、逻辑性强、不善言辞、胸襟宽阔、领导气质……

上面的这些词语，就是所谓的“固定思维”。并非因为是男性，就该严肃而强大。同样的道理，女生也不是每个人都温文尔雅。女性料理家务、照顾孩子，男性出门工作、赚钱养家——这都是长久以来社会背景下造就出的男女印象。

虽然这样的固定思维没有错，但随着现代社会和生活方式的变化，已经没必要再用性别划分职能了。

最重要的是，不拘泥于性别的“个性”和“真正的自己”。我们需要明白，“人各有各的不同，没有好坏之分”“这样的你就很好！这样的我也不错！”用积极的思考方式肯定自我和对方，不仅能建立起彼此的信赖关系，说不定还能因此遇上那个对的他。

作业

写出“真正的自己”和“别人眼中的自己”！

你是怎样的人呢？把自己眼中的自己和家人、朋友眼中的自己写下来。结果可能出乎你的意料，而两者之间的差异，说不定能让你发现自己从未注意到的闪光点。

你眼中的自己

家人、朋友眼中的自己

如果过度追求苗条……

你有没有听说过“厌食症”这个词？厌食症是指极端限制自己的进食，包括吃得很少，或后悔吃了东西而自我诱发呕吐等。很多人因此损害了自身健康。

究其原因，多数都是因为觉得“瘦了会更好看”“瘦了会受人欢迎”“瘦了自己会有自信”。有一项研究显示，有近 80% 的初中女生和 90% 的高中女生，都希望自己变瘦。

或许杂志上的模特、电视上的明星，通过付出各种努力，维持住了理想身材。但希望大家明白一点，光通过饮食瘦身，会损害身体健康。

青春期是心理和身体的生长期。食物是造就我们心灵和身体的根本，有意识地摄入对身体有益的食物，相比于过度节食，更能让你变得健康、美丽。

假如你正为厌食症而苦恼，记得告诉自己信任的长辈。无论如何，千万不要责怪自己。从痛苦的经历中走出来，你的人生一定会变得更加精彩，所以不要焦虑，慢慢让自己好起来吧。

女生们的提问

为什么会这样呢？

Q. 有没有让恋爱长久的秘诀？

A. 首先，两个人关系的最佳状态是，以平等的心态面对彼此。因为喜欢对方而盲目付出，或者对恋人抱有过分期待，最终都会让你们不堪重负。无论何时，平衡都是最重要的。

其次，双方如果能敞开心扉，包容对方的一切，是再好不过的了。

最后，相对于往来短信中的嘘寒问暖，我们更在乎的是互相诉说的“现实”交流。

Q. 恋爱真是件麻烦事！

A. 大家对恋爱的看法不一，这算是其中之一。日本的中学生都很忙，不停地在学校、补习班、兴趣课、俱乐部……之间来回奔波。大家似乎都疲惫不堪，难免会觉得恋爱很麻烦，或者还没遇见让自己怦然心动的那个他。

你只需要按照自己的节奏，一步步向前走就行了！

Q. 我对现实生活中的男生没感觉，只喜欢明星艺人。

A. 我想，一定是你周围没有吸引你的男生吧。(笑) 电视上活跃的明星中，的确有很多非常出色！而他们在台上的光鲜亮丽，往往是通过台下不为人知的刻苦努力换来的。

你的身边一定也存在着勤奋努力，但还没发光的男孩子。有魅力的人，终有一天会散发出异彩，你大可不必着急！另外，自己努力跻身演艺圈，找寻自己期待的爱情，也是一条路，不是吗？

Q. 我们两情相悦，但爸妈干涉太多，没能在一起。

A. 其实爸妈干涉你，是因为疼爱你，不想让你受伤害。正因为你是他们的掌上明珠、心头肉，他们才会多叮嘱你几句。你可以告诉他们，比如，让他们允许你周六和朋友出去玩，你会按时回家，试着减少他们对你的担忧。

不顶撞父母、不和父母唱反调，主动与父母交谈、和解。这样做一定能打开父母的心结。

背着父母谈恋爱，万一因此惹出麻烦，可能会酿成大祸，所以不要铤而走险！

第 5 章

你是在满满的爱中诞生的

思考自己应该如何看待“性”，对于想要过上幸福人生的女性而言，也是非常重要的事。

关于疼爱自己的生活方式，以及生命的可贵性，希望你能自己去思考，自己去感受。

一切生命都是珍贵的！

哇——这是以前拍的照片！怎么突然拿出来？
哎呀，因为今天是小舞的生日嘛？
每到生日都会换照片吗？
呵呵呵……
你们以前从没发现吗？
翻着照片回忆你们小时候的模样，再看看现在的你们已经健康长大，妈妈从心底感到欣慰。
还记得未唯小时候总是感冒，
小舞一直很调皮，一会儿翻跟头，一会儿从高处往下跳。
小爱最喜欢虫子，还喜欢汽车、电车，女孩子的玩具碰也不碰。

曾经需要人照顾的小孩，现在都长成亭亭玉立的美少女了。
照顾三个小孩，是不是特别辛苦？
有时难免会辛苦一点，但每当看到你们脸上的笑容，我就又精神了不少。
哎——好——累——啊——
我回来啦
打工辛苦了——
小舞姐，你回来啦——祝你生日快乐！
Thank You！哟！是装饰糖果！
我是这个，嘿嘿嘿！
这是……什么呀……
棉布卫生巾和护腰，很可爱吧？
护腰我知道。那个？棉布卫生巾是什么鬼……
我最近刚刚试用过，感觉很好用。穿起来很温暖，面料舒服，是经期好伙伴。还有些人因为穿了这个，痛经得到了缓解呢！最重要的是，用它可以了解自己的经血情况，并且不会产生垃圾，自然环保！

太好了，谢谢！来吧，老爸好像要稍微晚一点回来，我们提前先庆祝起来！
下次我买给老妈！棉布卫生巾和短裤是一套的，每个人都用自己的。
哦
好可爱啊！妈妈也想试试！
欢声笑语
欢声笑语
让我想想，应该是4年左右。虽然那个时候妈妈工作很忙，但觉得差不多该生个孩子了，于是就怀上了小爱。
老妈结婚几年后生的我呀？
咦——真没想到。
真可谓孩子是上帝赐予的礼物。其实，我曾一度怀不上，还去医院做检查。

是谁呢？
这个小宝宝是谁？
是我吗？
现在回想起来，应该是当时我上班太忙了，没有照顾好自己的身体。
这是小舞。17年前的今天，小舞从妈妈的肚子里呱呱坠地。
真的是个讨人喜欢的家伙。啊，现在也很讨人喜欢！
生小爱时花了比较长的时间，小舞倒是很顺利，生未唯那次临时转剖宫产了。
什么是剖宫产呢？
剖宫产是指切开腹部，从子宫里取出胎儿的手术。未唯是阵痛开始出现时，监测到胎心变弱，立即转剖宫产的。

要是条件允许，我还想再多生几个呢！孩子多虽然要吃力点，但心里高兴，不是吗？
嗯，是的。但你看，我现在还是很好吧？生完小爱后，我接着又生了两个娃。分娩的疼痛根本不算什么，心里满满都是孩子诞生的喜悦。
真不容易啊！阵痛是不是很疼？
嗯，对我而言一切还是未知……毕竟我连自己想做的事都还没找到。
咦——原来你这么想！不过我能理解，你有自己想做的事，希望把精力放在这上面……
照老妈的性格，可以想象，但换作我的话，单身也不错。本来我也没那么喜欢小孩……
太不寻常了，这么严肃。
无论是自己想做的事，还是关于未来的一切，到了那个时候自然会想清楚。最重要的是，绝对要做好保护措施。难得我们聊到这个话题，妈妈有话想跟大家说。

怀孕后不想要孩子，通过医疗手段终止妊娠，就叫堕胎。
堕胎？
前阵子，我在某场讲座上，听到妇产科医生说起一个非常悲惨的现状。在日本，平均6位孕妇中有1位最后会选择堕胎。
突然有种不太舒服的感觉。
这样啊……听起来好悲伤。
选择堕胎应该各有原因，但一定是因为觉得此时自己还不该生孩子、还抚养不了孩子，于是只好中途放弃妊娠。
小舞，你过来好好听着！你是最应该听的人。
就是避免意外怀孕。
唏
是吗？
我还想告诉你们，避孕同样非常重要。
妈妈之所以跟你们说这些，是希望你们在想清楚要孩子时，再选择生孩子。
避孕？

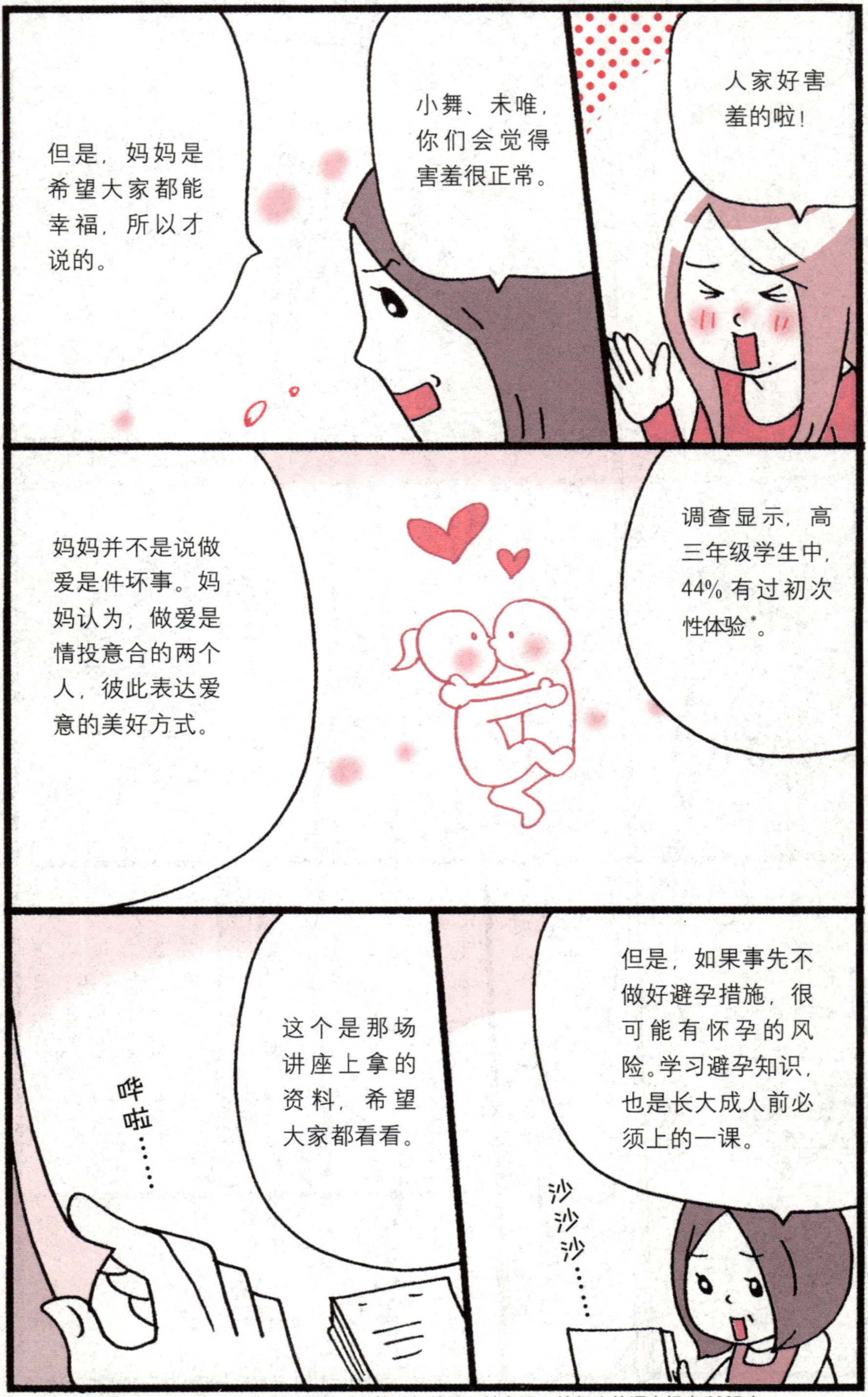

*儿童・学生的性・东京都小学校・高等学校的关于性意识・性行为的调查报告 2005 年。

●即使采取了避孕措施也有可能怀孕!

各种避孕方法使用1年内的失败率（意外怀孕率）

	安全套	口服避孕药
使用得当的情况	2%	0.3%
普遍使用的情况	15%	8%

*“使用得当”是指按照说明书合理使用的情况。
“普遍使用”是指选择了某种避孕方法，但没有按照说明书操作的情况（包括选择口服避孕药却漏服了）。

☆避孕法之一 安全套（也叫避孕套）

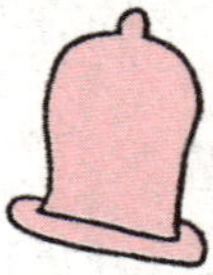

安全套是一种橡胶制成的避孕工具。

在性交开始前，阴茎勃起后戴上安全套，能阻止射出的精液流入阴道内，达到避免卵子受精的目的。

由于戴上安全套能避免黏膜接触，所以除了避孕，安全套还能有效防止衣原体感染等性传染病。

●保存方法

如果需要随身携带，应避免放在针钱包、背包夹层等物体内。因为一不小心可能会使安全套破洞或裂开。

建议装在小硬盒（塑料或金属等材质）中随身携带。

安全套钥匙扣里的安全套，或者赠品类型的安全套，包装上没有写保质期，说不定已经过期了。过期的安全套橡胶老化容易破裂，会导致避孕失败，所以使用前一定要确认保质期。

阳光直射或高温的地方，都容易造成橡胶老化，一定要注意贮存的位置。

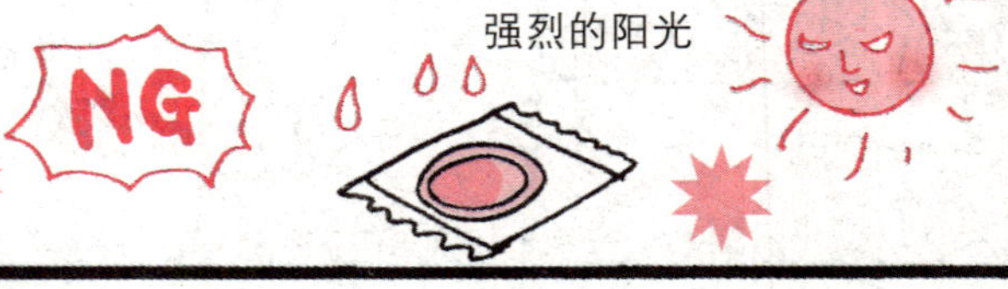

●安全套的正确使用方法 & 取下方法

①使用前务必把手洗干净。指甲可能会抓坏安全套，也要注意修剪。

②把安全套移到一边。

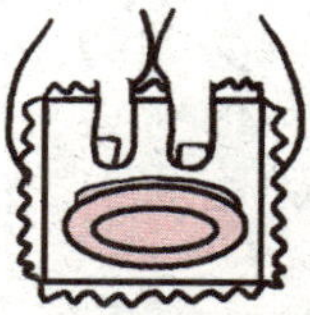

③完全撕开包装。

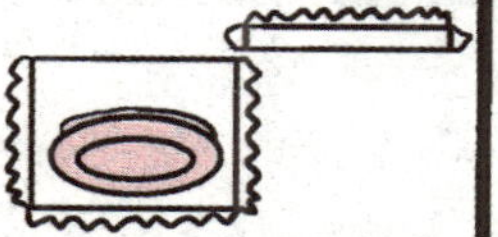

④用手指推出安全套，同时确认正反面。如果光线较暗看不清，可以通过橡胶的卷边判断。

⑤用手挤压储精囊，排出里面的空气。

⑥把阴茎皮（包皮）往阴茎根部翻下后，戴上安全套，顺势向下展开，保证安全套套住整个阴茎。

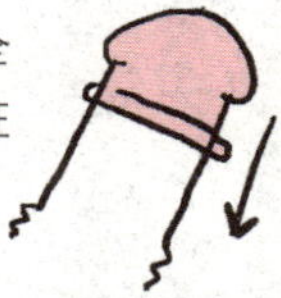

⑦射精后，应立即按住安全套边缘，同阴茎一起从阴道中抽出，取下安全套时小心精液流出。

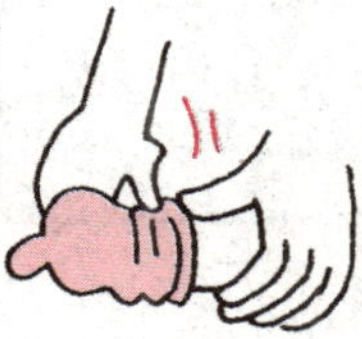

⑧丢弃前把安全套打结，防止精液流出。

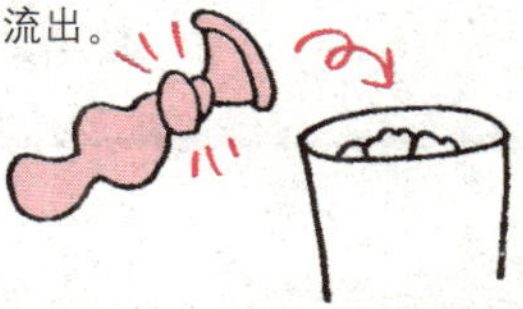

●戴了安全套还是避孕失败的原因

- 没有完全将阴茎皮（包皮）往下翻就戴上安全套，容易使安全套脱落。戴安全套时一定要套到阴茎根部。
- 如不慎将毛发夹在安全套内，容易导致安全套脱落，务必留意！
- “插入几次，等最后要射精时再戴套就可以”，这种想法是错误的！射精前，阴茎会排出名为 Cowper 腺液（P94）的分泌物，其中包含精子。

  因此，务必从一开始就戴好安全套。

☆关于口服避孕药

所谓口服避孕药，是由少量激素（卵泡刺激素和黄体酮）配制而成的，服用后能抑制排卵。如果正确服用，不漏服，避孕的有效率接近100%。全球有超过9000万人在使用口服避孕药。口服避孕药的种类有21天服用和28天服用两种。

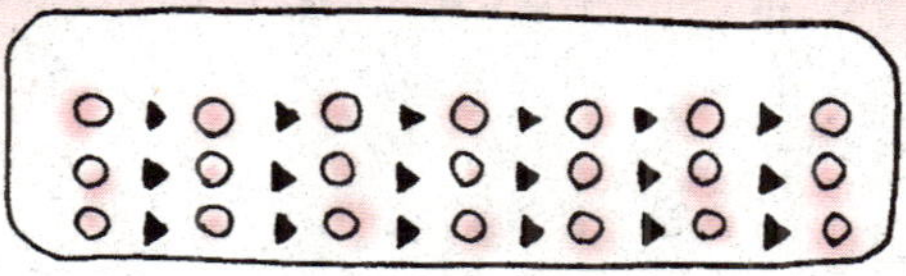

21 片型——这款中有为期 21 天的激素药片。按照月经周期 28 天计算，到下次服用前，可以停药 7 天。

28 片型——这款中有为期 21 天的激素药片，然后是为期 7 天的安慰剂药片（不含有激素的药片）。

无论哪一个种类的避孕药，每月都是服用一板，可以收纳在方便携带的小盒里，并贴上标签或说明，以防搞错星期和日期。安全套和口服避孕药一起使用，能起到预防感染、提高避孕概率的作用。

●关于青春期口服避孕药

开始来月经的女性，就可以使用口服避孕药，但必须经过医生的诊断。

就诊时说出心中的疑惑，让自己能够放心地服用药物。

●关于开处方

以问诊（包括确认身体状况等）为主。

根据不同情况（有月经不调等症状时），可能需要做血液、超声波之类的检查。

●服用方法

一般自月经第 1 日起服用（根据医生的处方）。

每日 1 片，口服。

根据个人的生活方式，安排在自己最不易漏服的时间服用。

口服避孕药不仅有避孕效果，据说还能改善月经不调、痛经等月经问题。
原来如此，竟然有口服避孕药这种避孕药物。
咦，真的吗？我有兴趣！
肃然起敬
而且，听说还能美化皮肤！
小舞果然对“美丽”这种词没有抵抗力。（笑）好啦，让我们一起读到最后一页吧！
小爱姐，就数你最有动力！
哗啦……

关于体外射精

- 体外射精是指在性生活过程中，即将发生射精时，将阴茎从阴道抽出，使精液射在伴侣体外的一种方式。
- 不要相信“即使不戴套也绝对不会怀孕。没事”这种话。
- 无法预防性传染病。

关于紧急避孕药

- 避孕失败时（安全套意外破裂、遭到性侵、漏服避孕药等），在性交后 72 小时内服用的避孕药。
- 妇产科就诊能得到处方。
- 紧急避孕药不能保证 100% 的避孕率（一般为 80%）。
- 避孕所需费用可能会增加（大约 1 万日元，有些可能会更高……）。

相信大家都不想让妈妈在恋爱这件事上管得太多。希望大家都抱着对自己负责的态度，认真做决定！
ガタ
女孩子来月经后，只要发生性行为，无论是谁都可能怀孕。我觉得万一出现意外，这些知识一定也能派上用场！
你们把妈妈讲的这些重要知识听进去，妈妈很欣慰。
这切换，神速度！
呼
好——
上最后一道美食啦，来吃蛋糕吧！
不是常说，生孩子是关乎性命的大事嘛。妈妈和小孩，母子都能平安无事，真是太好了！
盘子，给你。
我还是头一回听说自己是剖宫产出生的，老妈当年真是受苦了。
妈妈放心不下我们，跟我们讲了这么多。以后我会更加好好学习的！

哎哟，这还不知道是猴年马月的事呢。但我们明白妈妈的心意！
等你们以后自己当妈妈了，就会有所体会的。
还记得实习那会儿，现场看着分娩过程，觉得当妈妈的真不容易，同时也为新生命的诞生而感动。
我回来了，有点晚了。
我们聊了我们出生时候的事。
？？？发生什么了？
老爸总是关键时刻不在……
太晚了哦！
原来在说这个，其实小爱和小舞出生时，我是“陪伴分娩”，就站在妈妈身边。
看着妈妈痛苦，我除了能帮她揉一揉腰、擦擦汗，其他什么忙也帮不上。妈妈为了生你们，真的付出了巨大的努力。

你们从医院回家的那天起，我每天都会把你们洗得很香……
幸好平安诞生，我当场就号啕大哭。（笑）
生未唯那次突然说要剖宫产，我急急忙忙从公司狂奔去了医院。
呐，给你。
没想到——原来老爸也很伟大，不仅仅是帮我们拍照的摄影师。
你们几个，从小到大都那么讨人喜欢。小舞，你也已经长这么大啦！
我想来想去不知道买什么好，还是鲜花配得上我们这位逐渐长大成人的女孩！生日快乐！
谢谢老爸！

我朋友曾经跟我说，她在家里没有容身之处，晚上经常在外闲逛。我觉得她好可怜。
……
怎么了？
这样和家人一起生活，就是所谓的幸福吧！
这样的小孩，最近好像越来越多了。他们虽然有家，但他们的心灵却没有停靠的港湾。
肯定是因为大人没时间，没能和孩子真正面对面敞开心扉。
这世上，每个家庭都各有不同。
有像我们家这样，父母双方都在的，也有单亲家庭，孩子跟着爸爸或妈妈生活的……但无论如何，我们每个人都在为生活拼尽全力。

当年老爸考试失利，复读的时候也曾经颓废过。
近来，孩子拒绝上学、啃老的问题越来越严重。我觉得这些孩子并非真的不想去学校，啃老也不是因为他们想这么做。他们其实是在挣扎着寻找出路。
但是，正是当年的辛苦付出，促使我长大成人，终于明白何为幸福。
啊，不小心都让你们知道了。（笑）
老爸有时也很励志啊！
哟
哈哈哈哈哈

每个人都在寻找温暖！

现在人与人之间已经进入了通过信息、网络交流的时代。只要可以连接网络，就算无从得知对方的表情、语气，你也会获得安全感，这是不是哪里不太对劲？

你听说过“神待”这个词吗？近来，有些人把以“拯救离家出走的少女”为名，给女孩提供留宿的成年人称作“神”，而寻找他们的人被称为“神待”。然而，以金钱和肉体做交易，欺骗少女的这些成年人，根本不是什么所谓的“神”。

无论是让自己走向幸福，还是变得不幸，都是你自己的选择。请千万不要忘记一条——好好保护自己。

欺骗女孩子的成年人，通常表现得很友善。但这只是刚开始的时候。如果你真的觉得自己无家可归，一个人孤独寂寞，可以向自己的老师、朋友、信得过的人求救。如果你身边有小伙伴遇到麻烦，不要想着通过一己之力解决，而是要寻求长辈的支持。

最后，如果你不幸遭遇了家庭性骚扰，千万不要一个人憋在心里，一定要告诉信得过的长辈。

来自被终止妊娠的小宝宝的消息

每 6 名孕妇中就有 1 人会选择堕胎（其中包括流产等医学上不得不终止妊娠的情况）——看到这个数据，你心里有什么感想？

据统计，每年有将近 20 万名日本女性选择堕胎。而日本与其他发达国家相比，妊娠比例处于较低的水平。

不仅如此，有更多的女性，因为堕胎，身心受到了双重打击。

有很多人虽然身体逐渐得到恢复，内心的伤痛却难以痊愈。

如果你曾选择过堕胎，请不要谴责自己。或许你想生下宝宝，却有难言之隐而无法如愿……你一定为此经历了无数次思想斗争，最终做出了这个选择。

无论如何，最重要的就是爱护自己的身体，并疼爱你自己。

曾经的这段悲伤回忆会成为你人生路上的养料。因为真正体验过悲痛后，

也就能理解别人的痛苦了。

此外，往后余生，别忘了那个宝宝。虽然这个小宝宝未能诞生到世界上，但他留了这样一条消息给你："我出现在你的生命里，不是为了叫你难过的。以后你要更加爱惜你的心灵和身体哦！"

为了将这条消息告知于你，他甚至不惜赌上性命。他一定也在心中祈祷，历史再也不要重演。

从痛苦的经历中学习，脚踏实地一步一步走出自己的路，你的心灵也会因此恢复生机。

要是你的内心依然无法释怀，甚至影响到生活，记得接受心理辅导或向专家咨询。

如何愉快地度过青春期

你是否曾经苦恼，为什么自己会变成这样？自己活着的意义何在？其实这种郁闷心理，每个人到了青春期都会经历。然而，当你内心苦恼的同时，自我认同感也得到了建立。自我认同感建立后，你就会设立切合实际的梦想了。

找到和实现梦想的方法

你的梦想是什么呢？无论是什么，它都算一个梦想。例如，想要养只小狗，也属于梦想。那么，为了实现这一梦想，你能做些什么呢？长大后工作挣钱，住到允许养狗的公寓……如此，你开始展开想象。

不断追逐梦想，就能实现梦想。我如今能写下这本书，也是因为我小时候梦想自己能出书。在放弃梦想之前，让我们期待自己梦想成真的那天吧！

做一些让自己开心的事

对你而言，什么是幸福？是考入理想大学，进入好单位工作，嫁一个好老公吗？这样或许真的会让你感到幸福，但也可能不会。不过说到底，一切只有你自己心里清楚。幸福的形式多种多样，不如把怦然心动当作参考标准怎么样？看得见的幸福固然重要，但如果没有一颗充满激情的心，现实也会失去一抹颜色，变得暗淡无光。

仔细聆听你内心的声音，发现能让你高兴的事物。

自己和未来，皆可改变

现在正值青春期的你，一路走来，你的内心已经充满力量，你也已经积累了足够的知识和经验，你要相信，你的未来一片光明，所以不要辜负自己，做自己想做的事吧！

自己和未来，皆可改变——这是多么美妙的句子。那些觉得“讨厌自己”的人，不妨从自己的语言和行动上，慢慢向着乐观的方向改变。你的内心会自然而然地开朗起来！

女生们的提问

为什么会这样呢？

Q. 我想在20岁之前就结婚生子，这个想法可行吗？

A. 在一项针对高中生的问卷调查中，当被问及“假设你怀孕了怎么办”时，有3成女生表示希望把孩子生下来！实际上，的确有一些人在高中或大学时就生下小孩，同时兼顾读书、工作、育儿，但这些都离不开周围人的理解和支持。总体来说，日本人对此事的态度依然相对保守。不过你的想法也不是无法实现。

考虑到上述情况，如果你依然拥有坚强的意志，认为自己可以照顾好自己的宝宝，我觉得这绝对会让人羡慕。

人生的活法不止一种。无论哪一种，都不存在对与错。你的人生你做主，走你自己的路吧！

Q. 来月经时做爱是不是就不会怀孕？

A. 答案是No！很多人以为，月经期间可以不采取避孕措施。其实月经期间也会怀孕。青春期时月经尚未规律，无法准确判断排卵的时间。你可以将之理解为“青春期没有绝对的安全期”。

另外，月经来潮，也是脱落的子宫内膜（经血）排出体外的时期，此时阴道内保护我们身体的菌群比较弱，抵抗力较低，容易感染性传染病，应多加小心。

Q. 没有一个人爱我，家人也一样不爱我……我每天都感到很孤独，不知道做什么么好。

A. 假如真的没有人爱你，那么是谁一把屎一把尿把你拉扯大的呢？

没有人可以光凭自己活下来。因为我们不可能一出生就能学会站立，更别提自己获取食物。一定需要被某个人抱到怀里，才能长成如今这个样子。

或许现在这一刻，你无法感受到爱，觉得自己很可怜，希望能够就此消失。如果是这样，不如想一想，这么多祖先延续着生命的接力棒才有了你，或者回忆自己小时候也是个不错的选择。

我们每个人似乎都是独立的个体，但其实我们并不是一个人，而是彼此相连的。请你放心吧！即使你现在没有找到能够信赖的朋友，只要你能跟随自己的内心，走出自己的路，将来一定能遇见志同道合的伙伴。

如果觉得自己孤独，不如先向他人表达自己的爱。这样做，爱就会向你的身边聚集！爱的第一步是给予，然后是心怀感恩。这样慢慢地，你的孤独和寂寞也会随之减弱。

Q. 超级讨厌我爸妈！这种感觉已经到了无法抑制的程度！

A. 孩子到了青春期，容易对与自己不同性别的父亲或母亲产生抵触心理（例如女孩会讨厌父亲）。这种感情是在小学低年级时所没有的。

该情况可能尤其多见于那些积极向上，希望满足父母期待的孩子身上。这些孩子为了不辜负父母的期望而勤奋努力，当他们突然遭到父母的不认可，会爆发出内心的孤独感和逆反心理。

如果你遇到上述情况，可以写写日记。通过记录，你能清楚地看到自己正在思考的东西。写得好与不好都是次要的。即使只是在日记本上写下无数个“讨厌！讨厌！讨厌！”也完全可以。

然后，把这张纸撕得粉碎，宣泄掉心中的不快也不错。

看看感人的电影，放肆地大笑，给自己换换心情，都是可取的方法。等你感到情绪稳定后，再向父母表达自己真实的内心想法。不受感情约束，冷静地交流，相信父母也会理解你。

Q. 听说生孩子会痛得死去活来，到底是什么样的疼法？为什么产妇忍受得了如此疼痛呢？

A. 虽然大家都说分娩痛得要死，但没有人真正因为疼痛而死。（笑）而且有人不仅生了，还生了不止一个小孩，人口也在不断增长（全世界人口已经达到 70 多亿）。也就是说，有许许多多的女性选择生孩子，分娩的疼痛并非无法忍受。

女性之所以耐痛能力强，也可能是因为她们每个月都会来月经。

我曾在分娩现场见到过“愉快的分娩”，甚至有的产妇分娩后说：“很舒服！还想再生一次！”分娩时的疼痛，不同于“手被划破后产生的疼痛”，与受到的外伤不一样。

我自己经历过剖宫产，肚子上的伤口的确痛得要命，但孩子出生的喜悦和她那可爱的模样，会让我暂时忘掉疼痛。

分娩是第一次面对自己肚子里孕育的新生命的珍贵过程。绝对不会有“从鼻孔里拔出西瓜”那样夸张的疼痛，你不必担心。（笑）

写在最后

“生”“死”“性”

2011 年 3 月 11 日日本大地震时，你正在做什么呢？

在这场大地震中，无数人失去家园、丢掉工作，还有很多人被夺走了宝贵的生命。如此多的生命在一瞬间烟消云散，听起来似乎虚幻而不切实际，但它也给我们上了一课，告诉我们人生的变幻莫测，没有人知道下一刻会发生什么。

当时的那个瞬间，不可能再度重现。但是“此刻”，我们正真真实实地活着。既然好不容易降生于这个世上，我希望你能用心体会“活着”的感觉，认真、扎实地活在当下。

努力活在当下，能够帮助你感受“性”。

正如“性”这个字由“心”和“生”组成一样，它意味着“以坦诚面对自己内心的方式生活”。我们能够如此生活在人间，是生命接力棒一代一代传递下来的结果，所以说，每一个生命都是可贵的。

然而另一方面，选择自杀的年轻人的数量越来越多。想必他们一定经历了无法承受的痛苦，才不得不采取这种方式结束自己的生命。还有些人，虽然尚未走到一了百了的地步，却认定“自己消失了更好”，并做出伤害自己的行为（自残行为）。

要是那个时候，有个人能过来劝他几句该多好……即使只是听他说说话，站在他身边支持他，事情可能也会变得不一样。

但可惜的是，即使如此，还是有人会选择死亡。

“生”与“死”看起来好像完全对立，但其实正因为有了“生”，才会有“死”。诞生到这个世界，开始人生征程，完成生命延续，最后回归大地——这大概就是人存在于这个世上的意义吧。

如今日本普遍的核心家庭模式，让人很少有机会感受到近距离的“死”，而真正亲临家人或身边人的死亡，会让你对“死”与“生”产生更多触动。如果把“死”当作人生的终点，你就能真切感受到“现在活着的价值”。

就像樱花终将凋零，我们宝贵的生命必然也会有终止的那一天。然而你的存在，或许连接着另一个新的生命，正是你的存在，给其他人带去了欢笑，让他们感受到了幸福。

记得一定要感恩祖先们赐予你的独一无二的生命，这同样能让你体会到生命的薪火相传。是不是有种如沐春风的感觉？你的祖先们看到这一切，一定也会为你高兴。

如果追溯自己的祖先，往前推20代，你会发现跟自己有直接关系的祖先有104万人之多。这么多生命与你的存在连接在一起，真叫人不可思议！

“生”“死”“性”，当你仔细思考这三者，感受它们的关联，相信你会明白此生的来之不易，并决心好好爱惜自己的生命。

希望你好好活在当下，创造属于自己的辉煌人生。

我会永远像你的母亲那样，支持你，为你呐喊助威。

山形照惠

【作者简介】

山形照惠（助产士 / 产后康复治疗师）

◎——1975 年出生于日本北海道。祖母接受护理的情形，以及对于死亡的印象，深深刻在她儿时的记忆中。她因此很自然地对医疗世界产生了憧憬，并考入护理学校。从护理学校毕业后，又进入助产士学校继续深造。毕业后，曾在综合医院、妇产科诊所、统合医疗诊所任职。目前她参与区域性的育儿支援活动，同时从事与育儿相关的咨询服务。

◎——因为自己同为三个孩子的母亲，明白当妈妈的辛苦，于是她便将“帮助妈妈们露出笑容”作为毕生的工作。她主要在博客上撰写文章，致力于为广大产后的妈妈疏解情绪，帮助她们产后康复。同时她也会发起一些线下交流活动。

◎——为了让更多的人明白，了解“性”实际上就等于了解“生命”，她撰写了《女孩 13 岁之前需要知道的关于心理和身体的知识》（kannki 出版社）。本书为该书的续篇。